Herderbücherei

Band 409

Über das Buch

Viele Eltern tun sich mit dem Glauben oder mit der Religion schwer. Dennoch möchten sie, daß ihren Kindern einmal Gott etwas bedeutet. Sie haben, trotz aller Zweifel, die Hoffnung, daß die „Sache mit Gott" gewichtig bleibt – für sie und ihre Kinder und Enkel.

Wie aber sollen sie von Gott sprechen, wenn sie selbst so wenig über ihn wissen? Wie aber sollen sie das Kind unterweisen, wenn ihnen selbst der Religionsunterricht nie Freude gemacht hat? Wie aber sollen sie dem Kind klarmachen, was ihnen selbst unklar und fragwürdig ist?

Sie sollen ihre eigenen Zweifel ernst nehmen, aber auch ihre Hoffnung. Sie brauchen nicht zu unterrichten, und sie brauchen nichts klarzumachen. Das ist Aufgabe der Schule. Sie sollen versuchen, dem Kind Erfahrungen mit Gott zu ermöglichen. Sie können mit ihm beten – einfache, glaubwürdige, ernsthafte, kurze Gebete. Sie können mit ihm sprechen über das, was ihnen an Freude und Leid begegnet. Und sie können mit ihm lesen in den modernen Kinderbibeln und einige Kapitel daraus gemeinsam liebgewinnen.

So macht das Kind erste Erfahrungen mit Gott. Und diese Erfahrungen werden ein Leben lang für es bestimmend bleiben.

Über die Autorin

Marielene Leist, Dr. phil., Psychotherapeutin, geb. 1925, verheiratet mit dem Religionsphilosophen Fritz Leist, vier Kinder. Religionspädagogische und sexualpädagogische Bücher, Mitarbeit an Rundfunk und Fernsehen, Veröffentlichungen in Zeitungen und Zeitschriften, Mitarbeit an der Fernseheltenschule des ZDF.



Neuere Veröffentlichungen: *Neue Wege der religiösen Erziehung*. München. 3. Aufl. 1970. – *Neue Wege der geschlechtlichen Erziehung*. München. 2. Aufl. 1970. – *Sie entschieden nach ihrem Gewissen*. München 1969. – *Liebe – von der Jugend diskutiert*. München 1970. – *Mutter erzählt mir alles*. München. 3. Aufl. 1971. – *Angst vor Sex?* München 1970.

Marielene Leist

# Erste Erfahrungen mit Gott

## Die religiöse Erziehung des Klein- und Vorschulkindes

Herderbücherei

Originalausgabe
erstmals veröffentlicht als Herder-Taschenbuch

Umschlagfoto: Charles Compère, Opladen

1. Auflage November 1971
2. Auflage Februar 1972
3. Auflage Mai 1972
4. Auflage November 1972
5. Auflage März 1973
6. Auflage Juli 1973
7. Auflage März 1974
8. Auflage November 1974
9. Auflage Oktober 1975
10. Auflage Juli 1976
11. Auflage Mai 1977
12. Auflage Juli 1978


Herder Freiburg · Basel · Wien
Herstellung: Freiburger Graphische Betriebe 1978
ISBN 3-451-01909-4

# Inhalt

*Unser Kind*
*im Alter von 0 bis 3 Jahren*

# Die ersten Erfahrungen mit Gott

Wir wissen heute: jegliche Erziehung beginnt mit dem ersten Lebenstag, die Erziehung zur Gemeinschaft, zur Selbständigkeit, zur Verantwortung, zur Geduld und zur Liebe. In keinem Fall dürfen wir warten, bis die Denkfähigkeit des Kindes erwacht ist. Nur in der Hinführung zum Glauben meinen wir, das Erstarken des Verstandes abwarten zu müssen. Wir meinen nämlich, Glauben sei nichts anderes als über Gott Bescheid zu wissen. Das hat man wirklich jahrhundertelang gemeint, obwohl man hätte erkennen können, daß durch alles Katechismuslernen kein Kind gläubig geworden ist. Heute wissen wir, daß Glauben etwas ganz anderes ist, daß er auf Erfahrung beruht und mit dem Verstand viel weniger zu tun hat, als wir früher angenommen haben.

Wie aber können wir dem Kind von Gott erzählen, wenn es noch nicht unsere Worte versteht? Wie soll es sich ein Bild von Gott machen können, wenn es ihn nicht sehen kann? Wie soll es auf Gottes Wort vertrauen, wenn es ihn nicht hören kann? Wie soll es ihn liebgewinnen, wenn es sich nicht auf seinem Schoß sicher weiß?

Unsere Sorge ist unnötig. Unsere Kinder haben schon das Wichtigste über Gott erfahren, noch bevor sie einen Satz zu sprechen vermögen.

Diese frühesten und nahezu unentbehrlichen Erfahrungen stehen aber unter einer Bedingung: die Eltern müssen an Gott glauben. Sonst kann die Erfahrung, die jedes Kind macht, nicht mit Gott verbunden werden. Die zweite Bedingung ist: die Eltern müssen das Bedürfnis haben, mit diesem Gott zu sprechen, d.h. zu beten.

Wie geht das zu? Ein Neugeborenes liegt in seinem Bett und schreit vor Hunger. Die Mutter nimmt es an die Brust, liebkost und streichelt es. Sie legt es trocken, sie hält es fest und warm. Diese Erfahrung macht das Kind unentwegt: es ist in Not, es leidet Hunger, es leidet Durst, es fühlt sich allein, es friert, es fühlt sich in seiner Sicherheit bedroht. Und da ist einer, der hilft: die Mutter. Jemand kommt zu Hilfe, wenn es schreit. Jemand kümmert sich um seine Not. Jemand hört auf sein Weinen. Die Mutter kommt zuverlässig und gewiß. Das Kind kann darauf vertrauen. Es lernt sich zu gedulden. Die Mutter ist für das Kind wie eine allmächtige Göttin. Die Mutter gewährt Nahrung, Geborgenheit und Wärme. Die Wünsche des Kindes aber sind größer, als die Mutter sie erfüllen kann. Das Kind möchte, daß die Mutter immer bei ihm ist. Aber die Mutter hat ja noch andere Aufgaben und Verpflichtungen, als ihr Kleines in der Wiege zu behüten. Das Kind möchte unentwegt Nahrung, unentwegt Aufmerksamkeit. Keine vernünftige Mutter würde diesen Wünschen des Kindes nachgeben. Die Mutter ist ja in Wirklichkeit nur ein höchst unvollkommener Mensch mit eigenen Wünschen und Bedürfnissen. Es kann sogar passieren, daß sie dem Kind die Erfüllung seiner Wünsche vorenthält, obwohl sie berechtigt sind. Aus dieser Erfahrung, daß die Erfüllung der Wünsche unzulänglich ist, entsteht die Hoffnung auf einen, der alle Wünsche im voraus kennt und sie erfüllt, auf einen, der mit Gewißheit da ist, in unverbrüchlicher Treue und unermüdlich. Wer anders könnte diese Wünsche und Erwartungen erfüllen als Gott?

Bevor also unser Kind ein Wort zu sprechen gelernt hat, ist in ihm die Hoffnung wach geworden auf jemanden, der nie versagt, dessen Hilfe immer nah ist.

Diese Hoffnung bestimmt unseren ganzen Glauben. Die Gebete der Bibel sind voll davon, diese Erfahrung zu formulieren. „Höre, Gott, mein Schreien", heißt es. Selbst in dem Wort „Schreien" spüren wir noch die Hilflosigkeit des Kindes. „Der Herr wird nicht müde noch matt" sagt aus, daß er nicht ruhe- und schonungsbedürftig ist wie die Mutter. „Der dich behütet, schläft nicht" besagt: er ist allzeit da, er läßt den Wartenden keinen Augenblick allein. Von Gott heißt es wie von der Mutter: „Tu deinen Mund auf, ich will ihn füllen", und auch: „Wasche mich, daß ich schneeweiß werde." Alles, was das Kind an Gutem von der Mutter erfahren hat, erwartet der Mensch in noch vollkommenerem Maße von Gott. Wie die Mutter die ersten Schritte bewacht, so hofft der Glaubende: „Du hältst mich an deiner rechten Hand." Auch das folgende Bild entstammt der Kleinkindwelt: „Von allen Seiten umgibst du mich und hältst deine Hand über mir." Die Bedürftigkeit des Menschen, die weit über das, was Eltern zu leisten vermögen, hinausgeht, wird in den Psalmen ausgedrückt: „Denn mein Vater und meine Mutter verlassen mich. Aber der Herr nimmt mich auf."

Die Erfahrung, daß unsere Wünsche größer sind als die mögliche Erfüllung, macht jedes Menschenkind. Wie richtet sich nun die Erwartung auf Gott? Indem das Kind erlebt, daß die Eltern beten. Die erste Anknüpfung geschieht durch die überraschende Erfahrung, daß die Eltern sich in einer bestimmten Situation einem *Anderen* zuwenden. Die Eltern sprechen, das ist eine vertraute Situation. Aber sie sprechen nicht mit dem Kind, obwohl es sich in der Situation nicht ausgenommen fühlt. Sie sprechen aber auch nicht miteinander, auch diese Situation wäre dem Kind vertraut. Sie sprechen. Aber den, dem dieses Sprechen gilt, sieht das Kind nicht. Er ist anwesend, aber nicht greifbar.

Noch bevor unser Kind ein Wort von dem Gebet versteht, hat es die Erfahrung gemacht, daß es sich an einen Unbekannten richtet. Wahrscheinlich ist zugleich damit die Erfahrung verknüpft, daß die Eltern ernsthaft und gesammelt sind. Daß sie nicht zum Spaßen und Spielen einstimmen wollen, sondern bedächtig sich etwas Wesentlichem öffnen.

Aus dem Umgang mit den Eltern ergibt sich, daß das Sprechen mit dem *Anderen* eine wichtige Stelle im Leben einnimmt. Vielleicht entnimmt das Kind noch etwas anderes: daß die Eltern friedlich sind bei diesem Sprechen, daß sie getröstet und voller Zuversicht sind. Bevor das Kind klar denken kann, hat es unersetzliche Erfahrungen über Gott gemacht.

Irgendwann verbindet sich für das Kind die Erfahrung des *Anderen* mit dem Wort „Gott". Es dauert zwar noch lange, bis dieses Wort in seinen Sprachgebrauch eingeht. Mama, Papa, Auto und Wauwau rangieren viel früher, weil deren Erfahrungen so viel kräftiger und unübersehbarer sind als die verhaltenen Erfahrungen über Gott. Aber irgendwann weiß das Kind, daß der, dem so erstaunliche Erfahrungen gelten, Gott genannt wird, der unsichtbar bleibt.

Ein anderer Schritt geschieht vielleicht noch früher: das Kind versteht allmählich einige wesentliche Worte, die immer wieder in bezug auf Gott auftauchen. Das sind die Worte „Bitte" und „Danke". Vielleicht kann das Kind diese Worte selbst schon sprechen, weil es dazu von den Eltern freundlich aufgefordert wurde. Es weiß, daß die Erfüllung eines Wunsches eher geschieht, wenn es ihn mit einem „bitte, bitte," versieht. Und daß die Eltern sich über sein „Danke" freuen, welches es ihnen abgehorcht hat, hat es schon längst begriffen. „Bitte" und „Danke" haben also etwas mit Bekommen zu tun. Die Eltern sagen zu diesem unsichtbaren Gott „Bitte" und „Danke". Also ist er so etwas wie ein großes Mutter-Vater-in-eins? Die Eltern bekommen etwas von dem Gott. Sie sind von ihm abhängig, wie das Kind von den Eltern abhängig ist.

Natürlich überlegt sich das anderthalbjährige Kind diese Verhältnisse nicht. Aber wenn wir es genau bedenken, müssen wir zustimmen: es erfährt sie so. Es selbst gehört zu den Eltern und sagt bitte und danke. Es bekommt alles von den Eltern, was es braucht. Die Eltern sagen zu Gott ebenso. Sie werden auch alles, was sie brauchen, von ihm bekommen. Sie werden genauso zu Gott gehören wie das Kind zu ihnen.

Sobald das Kind aber die Gebetsworte der Eltern versteht, wird ihm ein weiteres deutlich: nicht nur die Eltern gehören zu diesem Gott, sondern auch es selbst. Damit dem Kind diese Erfahrung zuteil wird, müssen die Gebetstexte für es verständlich sein, d. h., sie müssen der Alltagssprache entstammen und sich auf Alltägliches beziehen. Sie müssen auf die kleine Welt des Kindes Bezug nehmen. Die Eltern werden mit ihrem Kind nicht um Frieden auf der Welt bitten – so dringlich ihnen diese Bitte auch mit Recht sein mag –, sie werden ihn nicht um Brot für die Hungernden bitten oder um die Heilung irgendeines Kranken, sie werden ihm nicht danken für einen Erfolg, für die Abwendung eines Unheils, etwa eines drohenden Autounglücks o. dgl. – sondern sie werden so sprechen, wie es ihnen ihr Herz im Beisammensein mit dem Kind eingibt. Nicht aus pädagogischen Rücksichten werden sie so formulieren, sondern weil es sie drängt, ihre Bitte und ihren Dank in Worte zu fassen. Vielleicht werden sie sagen: „Großer guter Gott. Du hast uns unsere kleine Monika geschenkt. Behüte sie diese Nacht und laß uns fröhlich miteinander aufwachen."

Das sind ja Gedanken, die die Eltern bewegen: sie können das Kind nicht behüten, wenn Gott es nicht hütet. Die Nacht und der Schlaf sind, auch für moderne Menschen, noch voller Unheil. Das Gebet spricht den Dank über das kleine Kind aus, immer noch die Freude und das Staunen darüber, daß es da ist. Und es spricht von der Gemeinsamkeit, die sich auf den nächsten Tag miteinander freut – und mit all dem hat Gott zu tun.

Das ist ein erstes Gebet, wie es die Eltern in Beziehung zu

ihrem Kind sprechen. Später können sie Gedanken formulieren, die ihnen und dem Kind wichtig sind. So könnte das erste Gebet unseres Kindes lauten: „Großer guter Gott. Hab deine Monika lieb.“ Das Kind versteht schon mit anderthalb Jahren jedes dieser Worte. Es versteht einwandfrei ihren Sinn, sofern es erfahren hat, wer überhaupt dieser Gott ist, von dem gesprochen wird. Die Erfahrung erweitert sich: nicht nur die Eltern haben mich lieb. Es liegt ihnen daran, daß auch Gott mich liebhat. Das scheint wichtig zu sein. Das scheinen die Eltern ernst zu nehmen. Und da diese Bitte die einzige bleibt über viele Monate hinweg, wird dem Kind die Einzigartigkeit, die in der Erfüllung dieser Bitte liegt, klar. Daß Gott es liebhat, ist lebensnotwendig. So erfährt es.

Vielleicht spricht die Mutter eines Tages mit dem Kind ein weiteres Gebet: „Großer Gott. Deine Monika hat dich lieb. Amen.“ In diesem Gebet geschieht dann Antwort auf die Erfahrung, die das Kind durch lange Monate hindurch gemacht hat: wenn Gott so ist, daß er mich liebt, dann muß ich ihn wiederlieben. Und dieses „muß“ ist kein Müssen, kein Zwang, sondern eine innere Notwendigkeit, zu der das Kind sich getrieben fühlt. Liebe wird mit Liebe beantwortet.

Aus diesen Überlegungen sehen wir, wie wichtig die frühkindlichen Erfahrungen mit Gott sind. Sie scheinen nahezu unnachholbar zu sein. Das Kind erfährt durch den Glauben der Eltern Gott als Realität, und sich selbst erfährt es in Bezogenheit zu ihm. Wir sehen: nicht nur der Glaube der Eltern ist wichtig, sondern das Gebet scheint unentbehrlich zu sein. Erfahrung muß in Worte gefaßt werden, um begriffen werden zu können. Es genügt also kein Glaube, der ohne wörtliches Beten auskommt, es genügt auch kein stilles Gebet, sondern es bedarf des ausgesprochenen verständlichen kindgemäßen Wortes. Das ist für manche Eltern schwierig, weil wir mit den althergebrachten Texten nur wenig mehr anfangen können. Aber gerade diese kindlichen Bitten und das kindliche Danken ist für die meisten Menschen möglich. Im Umgang mit unseren Kindern werden wir selbst wieder ursprünglich und einfältig. Die Bitte und der Dank um das Kind kommen jedem von uns von Herzen. Wir können aufrichtig und ohne Hemmung mit unseren Kindern beten, was wir mit dem Ehepartner kaum zu tun vermögen. In diesen einfachen Texten können wir auch uns selbst glaubhaft ausdrücken.

## Das Gebet des Kleinkindes

Sind auch andere Gebete geeignet, um Gott für unsere ganz Kleinen erfahrbar zu machen?

Schauen wir uns einige der bekanntesten Gebete an:

„Lieber Gott, mach mich fromm,
daß ich in den Himmel komm."

Als Kinder haben die meisten Eltern dieses Gebet über viele Jahre hinweg gebetet. Kein Wunder, daß es uns heute nur noch schwer über die Lippen will. Für das Kind ist es aber ganz fatal. Warum? Zunächst: der Reim ist für das Kleinkindergebet denkbar ungeeignet. Das Kind soll ja sich selbst in Beziehung zu Gott erfahren. Aber das geht doch nicht, wenn es mit ihm nur in Reimen verkehren kann. Wenn es nicht in seiner Alltagssprache zu ihm Beziehung aufnehmen kann. An und für sich lieben die Kleinkinder einen Reim sehr, vor allem wegen des verborgenen Witzes, der oft in ihm liegt. Alte Kinderreime sind gute Reime, nicht zu vergleichen der elenden Versemacherei, die in den Kindergebeten üblich ist.

Vielleicht tut manch einem die genaue Betrachtung dieses ihm liebgewordenen Gebetes weh. Aber wir müssen wirklich sagen, daß es denkbar ungeeignet ist, um das Kind Gott zuzuführen. Die Anrede „lieber Gott" ist kindgemäß. Gut! Das versteht das Kind. Aber was soll es mit der Aufforderung anfangen: „mach mich fromm"? Was heißt das – fromm? Das Wort ist dem Kind fremd, zum Glück, denn dieser Begriff meint etwas, was wir heutzutage gar nicht unbedingt für wünschenswert halten. Fromm – das heißt bedacht aufs Beten, Andachtsübungen zugetan, sanft, eifrig, tugendhaft. Ich meine, unser Kind hätte im Leben und erst recht für den Augenblick andere Aufgaben zu bewältigen. Es soll laufen lernen, selbständig werden, fröhlich sein, Vertrauen haben dürfen, sich geliebt wissen. Nein, der Begriff

„fromm" ist unter diesen Vorstellungen nicht enthalten. Wenn wir aber den Text weiter betrachten, wird es geradezu fatal: „daß ich in den Himmel komm". Dieses kleine Kind, das auf Gottes Wort hin erst sein Leben auf dieser Welt begonnen hat, soll sich jetzt schon eifrig darauf präparieren, dieses Leben zu verlassen? Das heißt doch alle natürlichen Beziehungen auf den Kopf zu stellen. Wie kann das Kind, das gerade erst die Vertrautheit mit Gott beginnt, im Ernst danach verlangen, von der Mutter weg in den Himmel zu kommen? Auch das Wort „Himmel" ist zu beanstanden. Für frühere Zeiten war der Himmel mit Recht Sinnbild für die Wohnung Gottes wegen seiner Ferne, seiner Unerreichbarkeit, seiner strahlenden Sonne und der dunklen Nacht. Das alles können echte Sinnbilder von Gottes ferner Nähe sein. Aber heute ist das Wort gar zu mißverständlich, so mißverständlich, daß die russischen Kosmonauten mit Genugtuung bemerkten, daß sie Gott auf ihrem Flug nicht begegnet seien. Der Himmel, den die Flugzeuge längst erobert haben, ist als Sinnbild für Gottes Unerreichbarkeit für die meisten untauglich geworden. Nur wenige können, der Eroberung des Weltalls zum Trotz, noch die Geheimnisträchtigkeit in ihm entdecken. Unseren Kindern sollten wir in ihren ersten Schritten auf Gott hin nicht unnötige Hindernisse in den Weg legen. Das Wort „Himmel" ist ein solches Hindernis.

Ein anderes Gebet, das sich auch heute noch großer Beliebtheit erfreut, lautet:

> „Jesuskindchen klein,
> mach mein Herzchen rein,
> soll niemand drin wohnen
> als Jesus allein."

Dieser Text ist typisch für den Kitsch, der sich nur allzu leicht in unechte Frömmigkeit einschleicht. Untersuchen wir ihn nämlich, dann erkennen wir, daß der Text es gar nicht so meinen kann, wie er zu sagen vorgibt. Die Zungenfrömmigkeit ist eine der größten Gefahren für den Glauben. Mit Zungenfertigkeit gelingt uns keine Erfahrung von Gott, gelingt uns kein Auf-ihn-Hingehen.

Zunächst einmal ist es falsch, Jesus anstelle von Gott anzusprechen. Unter Jesus sollten wir doch den verstehen, der vor etwa 1950 Jahren gelebt und das Reich Gottes verheißen hat. Die Begegnung mit Jesus geschieht für das Kind viel später. Zuerst muß es die unverbrüchliche Erfahrung machen, daß es zu Gott gehört, zu dem, von dem es schon bald sagen lernt: „der Himmel und Erde geschaffen hat".

Zudem ist es unsinnig, die Bitte an ein Kind zu richten. Zwar lieben unsere Kleinen die Begegnung mit einem Gleichaltrigen über alles. Aber geborgen fühlen sie sich nur im Arm der Eltern. Kleine Kinder, das bedeutet Gemeinsamkeit und Spaß. Aber einem kleinen Kind kann man sich nicht anvertrauen. Und welche Totalität des Anvertrauens wird hier erwartet!

Auch dieser Text ist gereimt, und zwar herzlich schlecht gereimt, und verstößt damit gegen das Gesetz der Umgangssprache. Größere Kinder können in feierlichen Rhythmen und Gesängen Gott preisen. Aber für unsere Kleinen verstellen wir damit das Verständnis. Ganz abgesehen davon, daß wir dadurch der Gebetsleierei den besten Vorschub leisten.

Was aber soll sich unser armer kleiner Kerl darunter vorstellen, daß sein Herz rein sein soll? Vielleicht begreift er schon, daß mit dem Herz er selbst gemeint ist mit all seinen Kräften, vielleicht versteht er auch schon (obwohl das eine Menge Spracherfahrung voraussetzt), daß „rein" gleich „gut" heißt. Warum aber soll unser Kleiner das Gefühl haben, nicht gut zu sein? Er weiß doch, daß Vater und Mutter ihn liebhaben, er macht also ständig die Erfahrung, daß er liebenswert ist. Wie soll er da nicht gut sein? Mag auch hinter dem Gebet die Erfahrung des reifen Menschen stehen, daß unser Handeln und Streben durchweg alles andere als gut ist und daß vor Gott unsere Tugenden recht fadenscheinig sind. Aber das ist doch keine Erfahrung, die am Beginn der Begegnung zwischen unserem Kind und Gott stehen sollte. Zuerst muß es sich in Gottes Huld und Zugetansein geborgen fühlen, bevor es seine Unzulänglichkeit vor ihm erkennen kann.

Ganz abzulehnen ist aber die Forderung: „Soll niemand drin wohnen als Jesus allein." Eine derartige Forderung verlangt Unmögliches. Abgesehen davon, daß sie, auch von einer reifen Religiosität her verstanden, falsch ist. Unser Kind, das gerade seine ersten Schritte auf die Welt zuwagt, das all seinen Mut und seine Eroberungslust braucht, um so viel Fremdes und Verlockendes zu bestehen, muß sein Herz dieser Welt zuwenden, wenn es seine Aufgabe im Leben einmal bewältigen soll.

Von diesem Gebetstext ist also kein Wort glaubwürdig, kein Wort geeignet, um Glauben zu ermöglichen. Wir brauchen uns nicht zu wundern, daß Kinder, die unter derartigen Voraussetzungen aufgezogen wurden, entweder eine völlig verkorkste Frömmigkeit entwickelten oder sich beeilten, die vergewaltigende Überforderung möglichst rasch abzuschütteln.

Wegen der allgemeinen Beliebtheit müssen wir aber noch ein drittes Gebet anschauen. Es ist das alte „Müde bin ich, geh' zur Ruh" von Luise Hensler.

Müde bin ich, geh' zur Ruh,
schließe beide Augen zu.
Vater, laß die Augen dein
über meinem Bette sein.

Hab' ich Unrecht heut getan,
sieh es, lieber Gott, nicht an.
Deine Gnad und Jesu Blut
machen allen Schaden gut.

Alle, die mir sind verwandt,
Gott, laß ruhn in deiner Hand.
Alle Menschen, groß und klein,
sollen dir befohlen sein.

Kranken Herzen sende Ruh!
Nasse Augen schließe zu.
Laß den Mond am Himmel stehn
und die stille Welt besehn. Amen.

Warmherzig ist dieses Gebet, daran ist kein Zweifel. Es gibt sicher viele Menschen, die aufrichtigen Herzens sich in den Worten dieses Gebetes wiederfinden können. Und doch ist es ungeeignet für unsere Kleinen. Für ein Zwei- bis Dreijähriges ist es zu lang. Selbst für ein Fünfjähriges ist der ganze Text nicht mehr vollziehbar. Zudem ist es, wie die anderen Beispiele, gereimt. Es enthält eine Menge typischer Worte aus der Kinderwelt, deswegen ist es den Kleinen verständlich: alle Menschen, groß und klein, müde, Ruhe, Bett, Kranksein, nasse Augen, Mond am Himmel – das sind Bilder, wie die Kinder sie lieben, einfach, verständlich, ihrer Welt und Erfahrung entstammend. Es vermittelt das Gefühl, bei Gott behütet zu sein, und das ist sehr positiv. Es enthält nicht derartig grausame Überforderungen, wie sie den vorher erwähnten Kindergebeten zu eigen sind.

Aber es macht eine Voraussetzung, die alles Positive wieder hinwegwischt: es unterstellt, daß unsere Kleinen sündigen können. Und zwar auf eine so schreckliche Weise sündigen, daß Gott an der Sünde vorbeisehen muß, er soll nicht hinschauen. Die Strafe wäre sonst gar zu schrecklich. Wenn wir wissen, was es für unser Kind bedeutet, gesehen zu werden, angenommen zu werden, dann muß es für es etwas Unheimliches sein, so verwerflich gehandelt zu haben, daß Gott nicht genau hinschauen darf. Aber das genügt nicht an Furcht und Schrecken und Strafandrohung. Nur Blut kann wiedergutmachen, was das Kind verbrochen hat. Alle Eltern wissen, wie furchterregend Blut für unsere Kleinen ist, wie sehr sie vorm Anblick dieser kostbaren Tropfen zurückscheuen. Blut ist für sie in Wahrheit Lebenssaft. Und dieses Leben muß Jesus dahingeben, damit das Unheil, das sie angerichtet haben, wieder in Ordnung kommt? Nein, derartige Vorstellungen dürfen wir nicht unseren Kindern zumuten, ganz abgesehen davon, daß sie psychologisch falsch sind. Unser Kind ist ein höchst unvollkommenes Wesen – welche Eltern wüßten das nicht! Aber seine Unvollkommenheiten haben nichts mit Sünde zu tun, sondern etwas mit ihrer Entwicklung, mit der Einseitigkeit ihrer Kräfte und mit der Begrenztheit ihrer Fähigkeiten. Vorstellungen wie Sünde und Unrecht gegen Gott sind für das Kleinkind ungeeignet. Auch für das Schulkind sind sie unzutreffend. Ganz gewiß aber sollten sie nicht die ersten Erfahrungen unserer Kinder von Gott überschatten.

Wie aber sollen wir mit unseren Kleinen beten?

Zunächst einmal ist wichtig: ganz kurz. Das Kind kann sich nur für Augenblicke voll konzentrieren. Reime aber erschweren die Konzentration, ebenso unverständliche Worte. Dann muß das Gebet wirklich das Anliegen des Kindes aussprechen. Es darf nicht über seinen Kopf hinwegreden. Es muß das formulieren, was dem Kind wichtig ist.

Die ersten Beispiele, die zur Hinführung zum Betenlernen nötig sind, haben wir schon genannt. Das Anderthalbjährige betet: „Großer guter Gott, hab deine Monika lieb. Amen." Das Zweijährige (es kommt nicht auf das Alter an) mag beten: „Großer Gott, deine Monika hat dich lieb." Aus diesen Anfängen lassen sich alle Gedanken entwickeln.

Vielleicht wundern sich manche, daß wir nicht regelmäßig vom „lieben" Gott sprechen. Wir haben uns angewöhnt, diese Redewendung zu gebrauchen, sie ist genauso unverpflichtend wie das Wort „lieb" überhaupt. Lieb soll das Kind sein. Das weiß es.

Und lieb haben es die Mutter und der Vater. Gott soll auch das Kind liebhaben. Aber ist es deswegen ausschließlich und einzig und allein ein „lieber" Gott? Ist es nicht für das Kind hilfreich zu wissen, daß der, auf den es seine Hoffnung, die über die Eltern hinausweist, setzt, groß und stark und zuverlässig ist? Sollte das Kind nicht formulieren können, daß es hofft, Gott sei gut, so gut, wie es den Vater und die Mutter erlebt hat? Nein, noch viel besser, beständiger, unentwegt, der Gute schlechthin? Was sich an unbewußten Hoffnungen auf Gott in dem Kind ansammelt, wird eher in Begriffen wie „groß" und „gut" aufgefangen als in dem unverpflichtenden „lieb".

So mag dann als weiteres Gebet formuliert werden: „Großer guter Gott, vielen Dank für den schönen Tag. Hab den Vater lieb, hab die Mutter lieb. Hab deine Monika lieb. Amen."

Jedes Wort ist für das zwei- bis dreijährige Kind verständlich. Jedes Wort ist einfach, dem Alltag entnommen, schlicht. Das Gebet bittet, weil niemand auf der Welt so bedürftig ist wie das Kind. Und das Gebet dankt, weil niemand auf der Welt sich so freuen kann wie ein Kind. Für das Kind bringt jedes Ereignis eine Freude, die wir Erwachsenen kaum registrieren: die Blumen, die Kirschen, das schöne Wetter oder der tanzende Regen, der lustige Schwanz der Katze, das gute Butterbrot, der warme Kakao, das kuschelige Bett, die Stimme der Mutter, die Rückkehr des Vaters. All das hat das Kind den Tag über erlebt. Und all das wird in dem Danke ausgedrückt. Gott hat etwas mit der Freude zu tun. Mehr wird nicht gesagt. Aber wie sollte Gott nicht damit zu tun haben?

Dieses Gebet kann erweitert werden, wie der Tag es gebietet, etwa: „Hab ganz besonders die Oma lieb. Sie ist sehr krank." Oder: „Vielen Dank für das Brüderchen. Wir haben es alle sehr lieb." Oder: „Laß unsere Monika bald wieder gesund werden."

Wenn das Gebet so unmittelbar aus dem Herzen kommt, brauchen wir uns nicht zu wundern, wenn das Kind sich bald selbständig darin ausdrückt. Es wird die Katze vom Nachbarn und den Hund von der Ecke, den Laubfrosch vom Tümpel und den Teddybären Gott anvertrauen wollen. Das sind lustige, lebensnahe, echte und glaubwürdige Gebete. Sie haben nichts Steifes und Unnatürliches an sich. Sie kommen aus dem Herzen. Sie sehen das ganze Leben in bezug auf diesen großen Gott. Es widerspricht nicht dem Ernst des Glaubens, für einen Teddybären oder für ein Auto zu beten. Dem Kind, dem diese Dinge lieb und wichtig sind, ist es selbstverständlich, daß Gott an ihnen Anteil nimmt. Wenn Gott wirklich unser Kind liebt – sollen wir dann im Ernst annehmen, das, woran sein kleines Herz hängt, könnte ihm gleichgültig sein?

Sollten wir das Kind nicht lehren, zu Gott Vater zu sagen? Strenggenommen ist Gott Vater und Mutter für uns. Die Einengung auf das Vaterbild hat kulturhistorische Gründe. Es ist schön, Gott als Vater anreden zu dürfen, wie Jesus es gelehrt hat. Aber man könnte doch Bedenken haben zu einer Zeit, da das kleine Kind erst allmählich eine Vorstellung vom eigenen Vater gewinnt, für Gott die gleiche Bezeichnung zu verwenden. Es gibt Pädagogen, die Gott stets anreden als: „*Vater im Himmel*". Das ist eine feierliche und gute Anrede, die aber heutzutage wegen der Zweideutigkeit der Himmelserfahrung Schwierigkeiten macht. Und ich meine, die Vaterschaft Gottes (obwohl sie unbewußt zutiefst im Gottesbild enthalten ist) würde man als Begriff besser erst älteren Kindern nahebringen. Gott, jener ganz andere Vater als der Vater in der Familie, sollte nicht zu ausschließlich auf das Bild des persönlichen Vaters festgelegt werden.

Wenn wir auf diese unmittelbare Weise mit den Kindern beten, uns nicht scheuen, den so belanglos scheinenden Alltag mit hineinzunehmen, entsteht in unseren Kindern ein Bild von Gott, das sie liebgewinnen können.

Sie fühlen sich bei ihm wohl, sie beginnen ihn zu lieben, sie dürfen sich natürlich verhalten, einfach, unmittelbar sein. Sie haben Kontakt zu diesem Großen und Fernen, sie haben Zutrauen zu ihm, Freundschaft. Sie gehören zu ihm und bedürfen seiner. Sie machen durch das Gebet die Erfahrung: er kümmert sich um mich, er hat mich lieb, er mag mich, er sieht mich, er nimmt Anteil an mir. Ihm bin ich nicht gleichgültig. Wenn wir mit diesen Vorstellungen die Überforderungen und Sündigkeitserfahrungen früherer Gebete vergleichen, können wir ahnen, was für eine andere Frömmigkeit in unseren Kindern wachsen kann, die auf diese neue Art zu beten gelehrt werden.

Fragen wir nun noch, welche äußere Form das Gebet haben soll, ob es von Händefalten oder weiteren Gesten begleitet werden soll. Viele Eltern halten das Beten im Stehen oder im Knien für richtig.

Knien, das ist ein Akt der Unterwerfung. Er gelingt uns modernen Menschen nur noch in Ausnahmefällen. Er entspricht nicht unserem Stolz und unserer Würde. Was wir nicht von uns selbst verlangen, sollten wir auf gar keinen Fall von unseren Kindern erwarten. Zwar macht unseren erdnahen Kleinen das Knien nichts aus, sie hocken sowieso stundenlang auf dem Boden, wenn sie mit einem Hausbau beschäftigt sind. Aber das Knien als Akt auf Gott hin ist ihnen nicht verständlich.

Auch das stramme, aufrechte Stehen ist nicht ihre Sache. Haltung annehmen – sicher eine Weise, wie wir Gott gesammelt entgegentreten können – gefällt unseren Kindern schon gar nicht. Sie wollen so sein, wie sie sind. So möchten sie den Eltern gefallen, so soll ihnen auch Gott zugetan sein. Mal möchten sie sich lümmeln, mal ins Bett kuscheln, mal auf Mutters Schoß sich verkriechen. Und all diese Formen vertragen das Gebet. Wie das Kind sich wohlfühlt, so soll gebetet werden. Da gibt es keine weiteren Vorschriften, das eine Kind bevorzugt die Stille auf Mutters Schoß, das andere die Geborgenheit des warmen Bettchens, und das dritte muß unbedingt seiner Bewegungslust auf dem Rücken des Holzpferdes Ausdruck geben, wieder andere lieben es, beim Gebet zu klatschen oder sich im Kreis zu drehen. Wenn wir Eltern schon an der Originalität unserer Kinder Freude haben, denken wir denn, daß sie Gott nicht gefallen könnte?

Die Hauptsache ist, daß das Kind sich wohlfühlt beim Beten. Daß es erfährt: alles ist erlaubt, alles ist gestattet; Gott mag mich so, wie ich bin. Es kommt ja nicht darauf an, daß das Kind seine eigene Kleinheit vor Gott erfährt – die erlebt es früh genug – oder daß es sich bückt und erniedrigt vor Gott, sondern daß es Gott lieben lernt. Nicht die Furcht des Herrn ist der Anfang aller Weisheit, sondern die Liebe.

Wann ist die bevorzugte Zeit zum Beten? Mehrmals am Tag, wie das früher auf dem Land üblich war, oder nur ein einziges Mal? Zu jeder Mahlzeit? Oder zum Essen gar nicht?

Das kommt ausschließlich auf die jeweilige Familie an. Eine Mutter, deren Kinder zu verschiedenen Zeiten aufstehen und die morgens eine ausgesprochene Stoßzeit zu bewältigen hat, wird sich selbst kaum in Ruhe zum Gebet sammeln können. Sie wird auf ein Morgengebet oftmals verzichten. Wenn das Kind noch so klein ist, daß es nicht das Haus verläßt, wird sich kaum Gelegenheit ergeben, ein eigenes Morgengebet einzulegen, mit dem die Mutter ihr Kind auf den Weg schicken möchte. Manche Mutter spricht am Morgen einen Segen über ihr Kind. Zu einem rechten Gebet langt es zumeist nicht, weil das Kind viel zu sehr in die Welt hinausdrängt. Es will frühstücken, laufen, sich bewegen, arbeiten, spielen, tätig sein.

Es ist also keine Katastrophe, wenn das Morgengebet ausfällt. Im Gegenteil, es könnte sehr oft als Überforderung von Mutter und Kind erlebt werden. Ganz anders ist es des Abends. Da ist das kleine Herz gesättigt von den Eroberungen vieler Stunden, es hält Rückschau, es verweilt bei dem Erlebten. Und eben diese Erfahrung wird Gott vorgetragen. Es ist nicht so, als ob das Kind tagsüber Gott nicht nötig hätte. Aber ein wenig entspricht diese Gebetseinteilung der Auffassung des modernen Menschen, daß ihm Aufgaben gestellt sind, die er nicht versäumen darf und die ihm auch das Gebet nicht abnimmt. Der Abend mit seiner Stille und Sammlung ist die besonders geeignete Zeit zum Beten.

Anders steht es mit dem Gebet zu den Mahlzeiten. Vielen Eltern ist die Tatsache, daß Gott das Gedeihen und die Ernte gibt, so sehr gegenwärtig, daß sie bei jeder Mahlzeit für die Sättigung danken. Sie ist ja auch wirklich des Dankens wert. Aber für die Kinder wird dieses Gebet, wenn es immer gefordert wird, zum leeren Ritus. Vor dem Essen ist es sowieso ungeschickt, von dem hungrigen Kleinen so viel Selbstbeherrschung zu erwarten, daß er sich, unter Verzicht auf sofortige Sättigung, auf ein Gebet konzentriert. Gelegentlich sollte aber unbedingt, nach einem fröhlichen Mahl in der Familie, dafür gedankt werden. Diese Freude hat etwas mit Gott zu tun. Diese Erfahrung sollten wir unseren Kindern auf keinen Fall vorenthalten.

Welche Texte wären da geeignet? Mit einem kleinen zufriedenen Anderthalbjährigen, das auf Mutters Schoß soeben seinen Brei mit Appetit vertilgt hat, kann man sprechen: „Guter Gott. Vielen Dank für den süßen Brei. Amen.“ Und zur Bekräftigung klatscht das Kleine in die Hände. Das Kind hat Freude an diesem Ritus, ohne Zweifel. Die Welt muß geordnet sein, deswegen liebt es feste Bräuche. Eine leckere Mahlzeit mit einem fröhlichen Ritus zu beschließen, das gefällt unserem Kind. Zugleich merkt es auf: auch mit anderthalb Jahren weiß es, daß die Mutter den Brei bereitet hat. Warum dankt die Mutter nun Gott dafür? Er muß also auf irgendeine Weise damit zu tun haben.

Das genügt. Mehr ist nicht nötig. Gott hat damit zu tun, wenn es mir schmeckt. Gott hat damit zu tun, wenn der Hunger gestillt wird. Diese Grunderfahrung des Kindes ist unersetzlich. Auf welche Weise Gott damit zu tun hat, das ist nicht deutlich. Die Antwort, die wir Erwachsenen darauf finden, mag auch sehr verschieden lauten. Viele von uns vertrauen auf gute Düngemittel, stetige Bewässerung und sachgemäße Bodenbearbeitung. Das ist richtig. Und trotzdem: daß überhaupt Pflanzen gedeihen, daß Tiere trächtig sind, daß Leben wächst – das hat für die meisten von uns etwas mit Gott zu tun. Deswegen ist es auch heute noch berechtigt, das Tischgebet zu sprechen. So wie es uns immer wieder treibt zu danken, so muß auch unser Kind erfahren, wie wenig selbstverständlich das Sattwerden ist. Das erfährt es durch das Gebet.

Später wird das Gebet nach Bedarf erweitert, etwa so: „Guter Gott. Du hast uns satt und fröhlich gemacht. Wir danken dir, daß wir zusammensein dürfen. Amen." Dieses Gebet wäre nach einem gemütlichen gemeinsamen Mahl angebracht. Oder: „Großer Gott. Wir sind durch deine Güte satt geworden. Bitte, laß keinen Menschen Hunger und Durst haben. Amen."

Noch etwas bleibt uns zu überlegen, wenn wir das Kindergebet für unsere Kleinen bis zu etwa drei Jahren bedenken. Die modernen Menschen sagen häufig, es sei unter ihrer Würde, immer nur an Gott bittend heranzutreten. Sie versteigen sich sogar zu der Forderung, daß wir auf das Bittgebet verzichten müßten. Die Vorstellung, jede Not mit eigener Kraft bewältigen zu können, beruht sicher auf einem Irrtum. Für das Kleinkind aber ist die Forderung, das Bittgebet abzuschaffen, ein Unding. Das Kind verfügt über keine eigene Kraft, über keine Möglichkeit, sich selbst zu helfen. Das erste, was das Kind lernt, ist eben diese Hilfe zu fordern. Es schreit, sobald es ihm unbehaglich ist, und hofft, durch sein Schreien Abhilfe herbeizurufen. Das Kind ist seinem Wesen nach auf Hilfe angewiesen. Wie sollten wir darauf verzichten können, diese wesentliche Eigenschaft des Kindes auf Gott zu beziehen? Das Kind soll lernen, Gott zu bitten, es soll ihm gegenüber fordern und heischen können. Es lernt damit die Unselbstverständlichkeit der Welt, die Unselbstverständlichkeit, daß Brot da ist, daß Milch da ist, daß die Mutter da ist. Daß es richtig ist, darum zu bitten. Und dafür zu danken.

Eins bleibt uns noch zu bedenken: viele Eltern möchten ihr Kind segnen. Vor allem die Eltern katholischen Glaubens sind gewöhnt, das Kreuzzeichen zu machen und ein Segenswort zu sprechen. Sie tun es zumeist mit der alten christlichen Formel: „Im Namen des Vaters und des Sohnes und des Heiligen Geistes. Amen.“ Darunter kann sich unser Kind natürlich nichts vorstellen, ganz abgesehen davon, daß auch für uns die ständige dogmatische Verifizierung der Trinität für unseren unmittelbaren Bezug zu Gott nicht unbedingt förderlich ist. Vor dem Kind sollten wir auf diese Formel verzichten. Warum sollten die Eltern nicht, wenn es sie treibt, segnend ihre Hand über das Kind zu halten, dabei sprechen: „Klaus, Gott hat dich lieb“ oder: „Es segne und behüte dich der gute Gott“? Für viele Überaufgeklärte mag in diesem Verlangen Magie stecken, für einen wirklich gläubigen Menschen ist es das kaum. Er weiß, wie wenig er selbst in der Lage ist, sein Kind zu behüten. Und wie sehr das Kind Gottes Nähe nötig hat. Auch das Kind fühlt sich wohlbehütet in diesem Segen.

# Der liebe Gott als Erziehungshilfe

Wir haben gesehen, wie verschieden die Erfahrungen unserer Kinder mit Gott sein können, je nachdem, wie wir Eltern ihr Gebet gestalten. Sie können sich im Gespräch mit Gott wohlfühlen und angenommen wissen, sie können sich aber auch überfordert und streng eintaxiert vorkommen. Sie können ihn liebgewinnen oder Angst vor ihm haben.

Manche Eltern verstärken diese Angst noch in unbedachter Weise. Sie drohen ihrem Kind mit Gott. Wenn sie selbst nicht mehr weiter wissen und ihr trotzendes Kind ihre Befehle mißachtet, bedienen sie sich des lieben Gottes als eines überdimensionalen Hilfspolizisten. Sie wettern: „Wenn du jetzt nicht sofort das Messer hergibst, ist der liebe Gott sehr böse auf dich.“ Das ist das äußerste an Drohung, über das die Eltern verfügen. Ein paar Jahre lang mag dieser Spruch auch Wunder wirken; mit dieser Riesenmacht wagt sich das Kind nicht anzulegen. Gegen diesen allmachtsvollen Gott kommt es nicht auf. Aber daß es ihm dadurch näherkommt, dürfen wir nicht erwarten. Im Gegenteil, der kleine unterlegene Trotzkopf wird auf Rache sinnen, denn er fühlt sich unverstanden, er hatte durchaus etwas Sinnvolles mit dem Messer vorgehabt.

Die unbewußten Erfahrungen – denn das Kind reflektiert ja nicht über seine Enttäuschung – gehen also weiter: in die Vorstellung von Gott mischt sich nur allzu rasch die Angst vor ihm ein, das Aufbegehren gegen seine Drohungen. Er wird als ungeduldig, verständnislos und unbarmherzig erlebt. Eigentlich machen wir für die Kinder aus Gott einen Dämon. Denn wie sehr widersprechen diese dem „lieben“ Gott unterschobenen Eigenschaften seinem Wesen, wie wir es eigentlich sehen.

Derartige Vorkommnisse sind viel häufiger, als wir zumeist wahrhaben wollen. Die ungute Redeweise von der „Strafe Gottes“ ist auch heute noch nicht aus den Kinderstuben ausgerottet.

Zumeist verlaufen die Vorfälle recht gleichartig nach folgendem Schema: „Peter, kommst du sofort von dem Stuhl herunter!" – Nichts. „Peter, wirst du wohl sofort von dem Stuhl herunterkommen!" – Nichts. „Peter, wird es bald!" – Nichts. „Peter!" Ein erzürnter Schrei von der Mutter. Immer noch nichts. Da geht die gereizte Mutter auf den kleinen Peter, der gerade die Geheimnisse eines oberen Schrankteils untersuchen will, zu. Der Junge verliert das Gleichgewicht und fällt hin. Die Mutter beugt sich über das brüllende Etwas und sagt voller Befriedigung: „Strafe Gottes. Wer nicht hören will, muß fühlen."

Was geht in dem armen Schelm vor sich? Er war bei einer lobenswerten Beschäftigung, nämlich mit der Welteroberung befaßt. Das mag der Mutter zwar nicht angenehm sein, aber zu seiner Entwicklung ist die Erforschung seiner Umgebung unerläßlich. Er tat also etwas Notwendiges und Vernünftiges. Die Mutter unterstützt ihn nicht dabei. Sie hat Angst, daß er vom Stuhl fallen könnte. Die Angst ist berechtigt, das sehen wir an dem Ergebnis. Aber sie spricht nicht seine gefährliche Lage an, sondern sein Tun schlechthin. Zugleich tut sie aber noch etwas anderes: aus ihren Worten muß der Junge folgenden Schluß ziehen: „Wenn die Mutter etwas sagt, so ist das so viel, wie wenn Gott etwas sagt." Er hat auf die Mutter nicht gehört, er hat ihr nicht gehorcht, also muß er von Gott gestraft werden. Die Mutter macht damit ihren Befehl zu Gottes Befehl, und die Gehorsamsverweigerung – die im Trotzalter doch natürlich und entwicklungsbedingt ist – macht sie zu einem Vergehen gegen den lieben Gott persönlich. Mit größeren Kanonen kann man wahrhaftig nicht auf Mücken schießen.

Die Unangemessenheit der Strafe wird unserem Übeltäter zwar nicht deutlich, aber seine Erbitterung ist beträchtlich. Es ist eine Erbitterung gegen diesen Gott, der derart unverhofft strafen soll und sich derart verständnislos verhält.

Noch zu anderen Gelegenheiten macht unser Kind ungute Erfahrungen mit diesem „lieben" Gott. Karin sitzt gewaschen und frisch angezogen in der Küche und frühstückt. Das Wetter ist schön, der Kakao ist süß, und das Butterbrot ist lecker. Das Kind fühlt sich wohl. Es plaudert vergnügt vor sich hin. Es fühlt sich mit Gott und aller Welt im Einklang. Es nimmt Kakao und gurgelt mit ihm ein Liedchen, unbefangen und harmlos.

Die Mutter vernimmt aus dem Nachbarzimmer die unerwarteten Geräusche, die eigentlich dem morgendlichen Zähneputzen vorbehalten sind. Mit Scharfsinn schließt sie haargenau auf den Vorgang, der sich in der Küche abspielt. Sie sieht schon die braune Brühe das frische Kleid beschmutzen, sie sieht das gute Getränk anstatt im Bauch ihres Lieblings auf der Tischdecke landen, sie sieht ihre Arbeit und die Milch vergeudet. Sie hört nichts von dem Jubel und von der Befriedigung des Kindes heraus. Sie ist einfach empört. Sie stürzt in die Küche, packt die kleine Sängerin am Arm, konstatiert alle vorausgeahnten Bescherungen – Kakao vergeudet, Bauch leer, Kleid befleckt, Tischtuch schmutzig – und sagt voller Entrüstung: „Jetzt ist der liebe Gott aber traurig. So etwas darf man doch nicht mit dem Kakao machen. Du bist ein böses Kind. Pfui! Stell dich in die Ecke!“ falsch!

Da darf Karin darüber nachdenken, wie sie buchstäblich aus allen Wolken gefallen ist. Sie war im siebten Himmel ihrer Kinderglückseligkeit und stürzte hinein in eine unerbittliche Verdammnis. Gott hat verboten, mit Kakao zu gurgeln. Dann hat sie wirklich etwas ganz Böses getan. Es ist unverzeihlich. Wie kann sie das wiedergutmachen?

Wie falsch werden in einer derartigen Erziehung die Gewichte gesetzt! Was für das Kind schön und vergnüglich und gut war, soll in Gottes Augen verdammenswert und verwerflich sein. Wie unsicher wird das Leben für die kleine Karin, die sich den Tadel der Mutter sehr zu Herzen nimmt. Sie war sich keiner Schuld bewußt, und hat doch den lieben Gott traurig gemacht. Wie kann sie wissen, wenn sie etwas falsch macht? Wie soll sie das künftig vermeiden können? Und da sie mit der Zeit registriert, daß derartige Überraschungen nur allzu gern sich einstellen, wenn sie fröhlich und übermütig ist, folgert sie daraus, daß es gefährlich ist, fröhlich und übermütig zu sein. Sie versucht, um solche unangenehmen Erfahrungen vorzubeugen, auf ihren Übermut zu verzichten.

Diese Entwicklung mag unglaublich klingen, und doch geschieht sie immer wieder. Natürlich kann auch durch die ärgste Drohung die Fröhlichkeit unserer Kinder nicht mit Stumpf und Stiel ausgerottet, wohl aber erheblich beeinträchtigt werden. Wie viele ernste Kinder haben ihr naives Zutrauen zu sich selbst, nämlich, daß sie so, wie sie sind, gut und liebenswert seien, verloren und müssen durch Leistung erreichen, daß man sie lieben und anerkennen kann.

Die kleine Karin ist derart gutherzig, daß sie glaubt, Unrecht getan zu haben. Sie glaubt es ihrer Mutter bedenkenlos. Sie ist ihrer Mutter nicht böse, auch nicht dem lieben Gott. Sie ist zerknirscht. Aber in ihrem Herzen entsteht aus solchen Erfahrungen ein Bild von Gott, das alles andere als liebenswert ist. Es ist ein Gott, der verdammt, der unversehens zuschlägt, der einen aus allen Wolken stürzen läßt, der kein Verständnis für die Eigenarten eines Kindes hat, es ist ein furchterregender, humorloser, hinterhältiger Gott.

Eine der größten Schwierigkeiten zwischen Eltern und Kindern bildet die Phase der Sauberkeitserziehung. Obwohl wir heutzutage wissen, daß ein Kind nicht früher als mit drei Jahren sauber sein sollte, versuchen wir es doch auf alle möglichen freundlichen oder drängenden Weisen zu einer früheren Aufgabe seiner kindlichen Gewohnheiten zu veranlassen. Und leider bringen wir Eltern es fertig, auch diese Schwierigkeiten für das Kind mit dem lieben Gott zu verbinden. Man stelle sich vor, da ist Benjamin, dem seine Mutter ernsthaft zugeredet hat, sich beim nächsten Geschäftchen zu melden. Benjamin verspricht es. Als aber die Mutter nach einer Stunde sich von der Ausführung seines Versprechens überzeugen will, hat er, nach Meinung der Mutter, sein Wort gebrochen. Sie ist böse und schimpft ihn aus Kräften. Der Kleine ist verstört. Er kann wirklich nichts dafür, möchte er sagen. Aber so differenziert denken kann er noch nicht, daß er diese Tatsache seiner Mutter klarmachen könnte. Er schweigt also beschämt. Und da er ja fest vorgehabt hat, sich zu melden, bleibt ihm nichts anderes übrig, als anzunehmen, daß sich sein Unterteilchen gegen seinen Willen und guten Vorsatz selbständig gemacht hat. Es ist überhaupt vieles rätselhaft mit diesem „Untenherum". Die Mutter hat zwar nicht gesagt, jetzt sei der liebe Gott über die schmutzige Hose traurig. Aber sie hat ihn doch so ausgescholten, als ob er wirklich absichtlich etwas Unrechtes getan habe. Und da dieses Verhalten für gewöhnlich mit dem lieben Gott in Verbindung gebracht wird, ist es bis zu dem Trugschluß kein weiter Weg, daß der liebe Gott auch über eine schmutzige Hose bitter enttäuscht ist. Als ob Gott nicht Verständnis für die Nöte eines Kindes hätte!

Diese Vermutung, die sich im Herzen unseres Kleinen regt, wird durch eine andere Erfahrung verstärkt. Als Benjamin noch in den Windeln strampelte, hat die Mutter mit Unmut festgestellt, daß er mit seinen kleinen unbeholfenen Händen nach seinem Glied griff und es in den Mund zu praktizieren versuchte. Damals hat sie ihm mehrmals ein paar Kläpse auf die Hände gegeben und ihn getadelt: „Das ist pfui. Laß das!" Später, etwa mit zwei, drei Jahren, hat sie ihm Vorträge gehalten, er dürfe nicht an seinem Glied spielen, und der liebe Gott sei traurig darüber, wenn er es trotzdem täte. Wir wissen zwar heute, daß man die Kinder ruhig an ihrem Geschlechtsteil spielen lassen sollte, sie müssen es ja kennenlernen, nicht wahr? Aber die meisten Eltern reagieren aus ihrer unbewußten Angst ähnlich wie Benjamins Mutter und strafen und verbieten das Spiel. Als Benjamin sich eines Tages besonders ausführlich für sein kostbares Anhängsel interessiert und sich handgreiflich davon überzeugen will, daß sein Schwesterchen über nichts Vergleichbares verfügt, reißt bei der Mutter der Geduldsfaden, sie bestraft ihren Jungen und stellt erregt fest: „Jetzt will der liebe Gott nichts mehr von dir wissen."

Benjamin nimmt ihre Rede wörtlich. Er ist tief betroffen. Eigentlich muß die Drohung, daß Gott von einem Kind nichts mehr wissen wolle, das schlimmste sein, was man einem Kind antun kann. Wie oft drohen unbedachte Mütter ihren Trotzköpfen: „Wenn du jetzt nicht sofort parierst, gehe ich auf und davon." Es gibt sogar Mütter, die ihren Kindern wiederholt drohen: „Ich häng mich noch einmal auf." Oder: „Du bist ein Nagel zu meinem Sarg." Das ist gewiß eine äußerste Bedrohung für ein Kind. Nun überlege man sich aber, wenn im Gebet ein Kind gelernt hat, auf Gott zu vertrauen, wenn es weiß, daß Gott sein Beschützer ist, auch wenn die Eltern fern weilen – was für eine Angst muß dann die Drohung auslösen: „Der liebe Gott will nichts mehr von dir wissen." Gegen eine so furchtbare Drohung kann man sich nur schützen, indem man sie nicht ernst nimmt. Diese Erfahrung fügt sich den anderen unguten Erfahrungen über Gott bei. Ist es ein Wunder, daß, wenn die Kinder zum Nachdenken über ihre Erfahrungen kommen, etwa in der Pubertät, sie von diesem unverständigen, boshaften, nachträgerischen und hinterhältigen Gott nichts mehr wissen wollen? Was wir Eltern wohlmeinend, aber ohne weiteres Nachdenken den Kindern auf diese Weise über Gott mitteilen, um sie zu einem guten Verhalten anzuregen, wirkt sich auf die Dauer im negativen Sinne aus. Und die Eltern ahnen später nicht mehr, woher es kommt, daß ihre Kinder nichts mehr von diesem „lieben"

Gott wissen wollen, der durch die Interpretation der Eltern so wenig lieb sich darbietet.

Auf jeden Fall besteht die Gefahr, daß unser Kind infolge dieser Erziehungsfehler nicht nur den Glauben verliert, sondern auch unfrei und befangen wird in seiner Leiblichkeit. Es wird den Bedürfnissen seines Körpers abwehrend gegenüberstehen, denn sie sind weder von der Mutter noch von Gott akzeptiert und gutgeheißen worden. Wie soll sich so ein Menschlein seiner runden Leiblichkeit freuen? Wie soll es später lernen, in der geschlechtlichen Lust wirkliche Freude und Gelöstheit zu gewinnen, wenn es – angeblich auf Gottes Geheiß – nicht einmal seine Genitalien kennenlernen durfte?

Es dauert nicht mehr lange, dann lernt unser Kind – leider! – den Begriff der Sünde kennen. Alles, was es aus Übermut, Laune und Unbeholfenheit zuwege bringt, nennt die verärgerte Mutter gar zu schnell Sünde. Das Kind ist böse, der liebe Gott ist traurig – so argumentiert sie. Und dabei ist das Kind nicht böse, und der liebe Gott ist ganz gewiß nicht traurig, sondern er hat seine Freude an dem naseweisen Treibauf und versteht, daß ein Kind so sein muß: unausgeglichen, anspruchsvoll, zu Streit und Rechthaberei aufgelegt. Wenn die Eltern doch begreifen wollten, daß der Ärger, den sie mit dem Kind oft haben, nichts mit Sünde zu tun hat, sondern mit der Unfertigkeit und Einseitigkeit, die dem Kind notwendig zu eigen ist. Ein Kind kann keine Sünde tun, und ein kleines Dreijähriges schon gar nicht.

Leider gibt es noch einige Unarten, die eine Elterngeneration an die andere weitergegeben hat und die gar nicht dazu geeignet sind, in den Kindern das Vertrauen und die Liebe zu Gott zu wecken. Auch in einigen Kindergärten sind sie noch an der Tagesordnung. Das sind die Reden von der Hölle und vom Teufel. Viele Menschen glauben heute weder an Hölle noch Teufel, weil sie der Meinung sind, daß sich beide mit der Allmacht und Barmherzigkeit Gottes nicht vereinbaren lassen. Welchen Stellenwert Hölle und Teufel haben, ist also in der modernen Theologie heftig umstritten. Über eins sind sich aber alle im klaren: weder der Teufel noch die Hölle stehen irgendwie im Zentrum unseres Glaubens. Aber in der Kinderstube herrschen zum Teil beide noch uneingeschränkt.

Wie sieht das aus? „Ursula, du sollst ein anderes Kleidchen anziehen. Dies ist zu kalt. Du wirst frieren.“ – „Ich mag nicht.“ –

„Jetzt geh schnell und zieh dich um." – „Nein, ich mag nicht." „Ich zähle bis drei! Na, wird es bald?" – „Nein, ich will aber nicht." – „Wirst du wohl jetzt tun, was ich dir sage, du ungezogenes Kind, du?" – „Nein, ich will aber nicht. Ich friere ja gar nicht." – „Geh jetzt sofort aus dem Zimmer. Einen kleinen Teufel will ich nicht hier haben. Du darfst erst wieder zu mir kommen, wenn der Teufel auf und davon ist." Das Kind geht heulend aus dem Raum, kommt nach einer verbockten halben Stunde reumütig zu seiner Mutter und bittet um Verzeihung. Was war geschehen? Die Mutter hatte mit ihrer Forderung nach einem wärmeren Kleidchen recht. Gut. Die kleine Tochter hatte keine Lust und weigerte sich. Das Umziehen war ihr zu lästig, das wärmere Kleidchen empfand sie als unbequem. Solche Zusammenstöße zwischen dem Willen der Mutter und der Unlust der Tochter ereignen sich in der Kinderstube am laufenden Band. Daß wir diese notwendigen Auseinandersetzungen zwischen der elterlichen Vernunft und dem kindlichen Unmut zu Ende führen sollten, ohne den Willen des Kindes zu brechen, ist allen Erziehern geläufig. Was tun wir aber, wenn wir diese kindlichen Unvollkommenheiten (wie oft tun wir Erwachsenen etwas, das unvernünftig ist, und niemand zieht uns deswegen zur Rechenschaft oder behauptet, daß unser Tun Sünde wäre!) in Beziehung zu Gott setzen? Wir schaffen ein völlig falsches Sündenbewußtsein. Sünde ist immer nur dann, wenn der Wille der Eltern nicht beachtet wird. Kein Wunder, daß mit dem Erwachsenwerden die Einsicht in eine mögliche Sünde immer geringer wird. Es sieht ja beinah so aus, als ob die Kinderzeit mit ihren vielen Einschränkungen die bevorzugte Zeit zum Sündigenmüssen sei. Wir müssen uns fest vor Augen halten: es gibt Sünden, gewiß. Aber unser Kind, wahrscheinlich auch unsere Jugendlichen sündigen nicht. Sie können noch gar nicht sündigen, weil sie noch zu stark aus dem Unbewußten heraus gesteuert werden. Wir verbauen uns also den Ansatz zu einer echten Sündenerfahrung, wenn wir die Ungezogenheiten unserer Kleinen auch nur irgendwie mit Gott in Verbindung bringen.

Daß man im Ernst einem Kind drohen kann, es käme, wenn es so weitermache, in die Hölle, ist der Gipfel einer solchen falschen religiösen Erziehung. Soll denn unser Kind in Zittern und Furcht vor diesem gestrengen und ungnädigen Gott aufwachsen, anstatt in Freude und Vertrautheit mit ihm? Was für ein Gottesbild mögen die Eltern von dem großen Gott haben, die ihm zutrauen, er könnte die Hölle für ein Kind bereitet haben!

Früher glaubte man, das Wesentliche in unserem Verhältnis zu Gott sei unsere Sündhaftigkeit und Verworfenheit. Deswegen war es kein Wunder, daß schon in den ersten Lebensjahren die Vorstellung von Sünde und Hölle in dem Kind niedergelegt wurde. Wie sehr damit das kleine Menschlein überfordert und in falsche Bahnen gepreßt wurde, erkennen wir in seinem ganzen Ausmaß erst heute. Heute wissen wir, daß es auf unsere Liebe ankommt. Und es ist unsere Aufgabe, dieser Liebe in den Herzen unserer Kinder nichts in den Weg zu legen.

## Abenteuer mit Gott

Ohne daß wir darüber nachdenken, sprechen wir immer wieder von Gott. Das Bild unseres Kindes von ihm erweitert und vertieft sich dadurch. Nicht nur im Gebet erfährt unser Kind etwas über Gott, sondern genausogut im Alltag und im Sprechen der Mutter. Damit sind noch keine Erzählungen über Gott gemeint, die kommen in größerem Umfang erst im Alter von etwa 4 Jahren. Sondern gemeint sind jene kurzen Bemerkungen der Eltern, die sich dem Kind einprägen, weil sie mit einem Erlebnis fest verbunden sind.

Solche Gelegenheiten bieten sich oft dar. Aber wir Eltern sollten sie nicht aus erzieherischen Überlegungen nutzen, sondern nur, wenn es uns von Herzen kommt. Manchen Eltern wird vielleicht das Verhalten einer Mutter nicht verständlich sein, die ihr kleines Anderthalbjähriges des Nachts aufgenommen hat und auf ihrem Arm wiegt, weil es durch ein laut dahinbrausendes Flugzeug geweckt wurde. Sie tritt mit ihm auf den Balkon und schaut zu ihrer eigenen Freude den Mond in seinem silbrigen Licht. Sie sagt: „Schau, Hans! Das ist der Mond. Der liebe Gott läßt ihn für uns scheinen.“ Für manche Menschen hat der Mond nichts mit Gott zu tun, andere wieder, die genauso aufgeklärt sind, leben doch in der Überzeugung, daß Gott auch der ist, der die Gesetze der Gestirne bestimmt hat. Eine Mutter, die nicht davon überzeugt ist, daß der Mond seinen Glanz nur hat, weil Gott es so will, darf etwas Derartiges auf keinen Fall sagen. Es wäre unglaubwürdig. Für den kleinen Hans aber verbindet sich die tröstliche nächtliche Stunde, wohlgeborgen auf dem Arm der Mutter, mit einer wesentlichen Erfahrung: die Nacht ist nicht dunkel, sie ist nicht nur gefährlich. Sie ist durchleuchtet vom Mond. Und der hat etwas mit Gott zu tun.

Im Unbewußten erlebt Hans Geborgenheit, Vorsorge, Fürsorge, Glanz und Schönheit, und alle diese Erfahrungen haben etwas mit Gott zu tun. Und er staunt.

Ähnlich mag es in Florian vor sich gehen. Der zweijährige Florian steht händeklatschend vor dem Blumenbeet und staunt die erste feuerrote Tulpe an. Er sagt ununterbrochen sein entzücktes „Is'n das?" Die eine Mutter sagt darauf: „Das ist eine Tulpe. Sie blüht jedes Frühjahr. Schön ist sie, nicht wahr?" Die andere Mutter sagt: „Das ist eine Tulpe. Gott läßt sie jedes Jahr im Frühjahr blühen. Schön ist sie, nicht wahr?" In beiden Kindern ist die Freude über die Tulpe da, ein erstes Erkennen, wie schön sie ist. Im zweiten Fall aber geschieht noch eine neue Erkenntnis: dieses Blühen hat etwas mit Gott zu tun. Viele Menschen meinen, es sei eine Verkürzung, statt vom Gärtner und von der Blumenzwiebel vom lieben Gott zu sprechen. Aber das muß keine Verkürzung der Wahrheit sein. Denn daß es Blühen und Gedeihen, Wachsen und Werden gibt, ist für viele Menschen untrennbar mit Gott verbunden. Es ist auch heute nicht sinnlos, trotz allen Kunstdüngers und maschineller Bodenbearbeitung und künstlicher Befruchtung Gott um das Gedeihen und Wachsen zu bitten. Aber – die Mutter darf nur so sprechen, wenn sie zutiefst davon überzeugt ist. Und Florian freut sich und staunt.

Es gibt wirklich viel zu staunen für ein Kind in bezug auf diesen Gott. Und es ist gut, wenn das Kind staunen kann, wenn ihm vieles genauso unselbstverständlich ist wie seinen Eltern, daß die Sonne scheint, daß die Frucht gedeiht und daß ein Kind im Schoß der Mutter wächst. Wer nur die technischen Zusammenhänge sieht, geht all dieser Erfahrungen verlustig.

Viele Eltern sind zwar der gleichen Überzeugung, aber sie sind zu scheu, unmittelbar einen Bezug auf Gott hin zu setzen, wenn sie vom Mond, von der Sonne, vom Blühen und Wachsen sprechen. Sie tun es auf andere Weise: sie danken und bitten dafür. Was das Kind im Alltag erlebt, verbindet sich durch das Gebet mit Gott. Eines Tages hat die Mutter ihrem dreijährigen Michael mitgeteilt, daß in ihrem Bauch ein Kind heranwächst. Michael ist begeistert und möchte das Geschwisterchen sofort aus seinem Aufenthaltsraum herausholen. Ein Spielgefährte ist ihm – zunächst – hochwillkommen. Die Mutter erklärt ihm aber, daß das Ungeborene noch eine Weile in ihrem Schoß wachsen muß, bevor es kräftig genug ist, um auf die Welt zu kommen. Vielleicht sagt sie ihm, daß Gott aus Fürsorge für das kleine Kind die lange Erwartungszeit festgesetzt hat. Vielleicht mag sie nicht so „fromm" reden. Aber am Abend wird sie die Neuigkeit zu Gott in Beziehung setzen. Sie wird ihrem Michael vorbeten:

„Segne das kleine Kind in Mutters Bauch.“ Später wird sie vielleicht sagen: „Bitte, beschütze das Kind in Mutters Bauch, laß es gesund und fröhlich heranwachsen, damit es dich loben kann.“ Wenn die Mutter die Zeit der Geburt nahekommen sieht, wird sie beten: „Laß es glücklich auf die Welt kommen, damit wir alle uns daran freuen können.“ Und der Vater wird mit seinem kleinen Jungen beten, wenn die Mutter in der Klinik ist: „Hab Dank für das Schwesterchen. Wir haben es lieb.“ Der kleine Junge erfährt daraus, daß Gott für das Gedeihen dieses Kindes verantwortlich ist, daß er für das Kleine da ist, an es denkt, für es Sorge trägt und es liebhat. Wenn dann bald darauf die Eifersucht in dem Älteren wach wird, versteht er, daß dieses Kind genauso gehütet ist von Gott wie er selbst und daß eine Verletzung dieses Kindes etwas mit Gott zu tun hat. Warum soll die Mutter nicht auch diese Schwierigkeiten in das Gebet hineinnehmen? Gott versteht sie gewiß. Und es ist immer besser, man spricht Schwierigkeiten aus, als man verschweigt sie. Durch Verschweigen werden sie nicht überwunden. Die Mutter kann also sagen: „Großer Gott, du hast dieses kleine Kind lieb. Wir haben uns auf es gefreut. Aber nun nimmt es mir die ganze Zeit weg, die ich bisher mit der Mutter beisammen war. Ich bin ungeduldig. Ich bin nicht damit einverstanden. Laß dieses kleine Kind bald groß und stark werden, daß es mit mir spielen kann und nicht immer allein auf Mutters Schoß sitzt. Amen.“

Der ganze Zwiespalt, der das Herz des Älteren erfüllt, wird vor Gott ausgesprochen. Es wird vor Gott eine Lösung und ein Trost gefunden. Und es widerspricht dem Geheiß dieses Gottes nicht, daß unser kleiner Kerl gelegentlich ganz über die Maßen wütend auf sein Schwesterchen ist. Aber er versteht sich selbst in seiner Entbehrung und fühlt sich trotzdem angenommen – von der Mutter, die dieses Gebet formuliert, und von Gott, der es freundlich annimmt.

Eine Erfahrung macht jedes Kind mit diesem Gott auch schon im kleinsten Alter: es ist krank, und Gott wird um seine Genesung gebeten. Kranksein – das schätzen unsere Kleinen ganz und gar nicht. Sie fühlen sich unwohl in ihrem Bett, schwitzen und müssen husten, ihr sonst so erfreulicher Appetit läßt sie im Stich, sie sind nur halb anwesend, sie sind gar nicht richtig sie selbst.

Kranksein ist nicht schön. Und damit hat Gott zu tun? Wenn er etwas mit der Genesung zu tun hat – hat er dann auch die Verantwortung über das Kranksein? Zunächst bedeutet es für unser Dreijähriges einen Trost, wenn Gott um Genesung gebeten wird. „Großer, guter Gott, unsere Margit ist krank. Sie fühlt sich nicht wohl und ist gar nicht lustig. Bitte, laß sie wieder gesund werden, damit sie herumspringen und sich freuen kann. Amen." Später wird sich unser Kind Gedanken darüber machen, daß Gott Krankheit und Genesung, vielleicht gar Leben oder Tod gewähren kann. Es wird staunen und sich fragen, wer denn dieser unbegreifliche Gott ist, daß nicht nur Freude zu ihm gehört, sondern auch Kummer und Leid.

# Sprechen über Gott und Jesus

Früher war es das Vorrecht der Familie, den Kindern aus der Heiligen Schrift zu erzählen. In vielen Familien lag die große Bibel den ganzen Tag über griffbereit und wurde des Abends vom Vater aufgeschlagen. Die Kinder scharten sich um ihn herum, schauten mit Staunen die Bilder an und lauschten dem Text, den der Vater ihnen vorlas.

Der Text der Heiligen Schrift ist aber nicht ohne weiteres verständlich. Ganz besonders nicht für unsere Kinder, denen schon allein die Kenntnisse von der damaligen Zeit und deren Verhältnissen fehlen. Deswegen glauben viele Theologen, daß es richtig sei, auf das Erzählen aus der Heiligen Schrift zu verzichten. Aber sie stellen damit eine unbefolgbare Forderung auf. Wer nämlich wirklich einmal der Heiligen Schrift begegnet ist, wird von dieser Begegnung so voll, daß er davon sprechen muß. Er tut es auch seinen Kindern gegenüber. Er kann gar nicht anders. Eltern, die aus der Heiligen Schrift heraus leben und versuchen, ihre Entscheidungen nach ihr auszurichten, können über diese Erfahrung nicht schweigen. Die Theologen befürchten, daß bei diesen Erzählungen mancherlei theologisch Unhaltbares in das Kinderherz eindringen könnte, das durch den Schulunterricht nicht mehr auszurotten ist oder aber durch seinen falschen Ansatz den Grund legt zu einer späteren Glaubenskrise, vielleicht gar zu einer endgültigen Abwendung vom Glauben.

Dieses Bedenken ist nicht unberechtigt, und doch müssen wir das Risiko in Kauf nehmen. Wir können ja als Erzieher eine erzieherische Entscheidung nicht hinausschieben. Wir müssen immer von Mal zu Mal entscheiden und versuchen, soweit das Richtige zu tun, wie wir es vermögen. In der Pädagogik gibt es keine Perfektion, und deswegen sollten wir in der Religionspädagogik auch auf jeden Perfektionismus verzichten. Wichtiger als die theologisch einwandfreie Formulierung ist die Glaubwürdigkeit der Eltern. Die Erfahrung der Glaubwürdigkeit senkt sich tief in das Kind ein und macht ihm selbst die Heilige Schrift und durch sie hindurch Jesus und seinen Vater erfahrbar. Das theologische Gedankengebäude, das sich darauf aufbaut, ist korrigierbar. Diese Korrektur kann durchaus im Religionsunterricht geschehen. Wir Eltern sollten uns aber die vordringliche Aufgabe nicht nehmen lassen, von dem zu erzählen, was unser Herz bewegt.

Das Sprechen über Gott und Jesus ist bei unserem Kind bis zu drei Jahren durchweg ein Erwähnen, ein Hinweisen, ein kurzes Andeuten. Seltener werden wir Eltern dem Kind eine Geschichte aus der Heiligen Schrift erzählen wollen. Wir haben ja keinesfalls den Ehrgeiz, unser Kind systematisch zu einem Schriftkundigen auszubilden. Das Kind soll nicht überschüttet werden mit Angeboten aus dem Alten und dem Neuen Testament, aber es soll einige Erzählungen daraus liebgewinnen, es soll in einigen Erzählungen sich selbst wiederfinden, etwas von Gott erfahren und diesem Jesus begegnen, auf den die Eltern in so erstaunlicher Weise ihre Hoffnung setzen.

Für das Kind ist die zentrale Erzählung über Gott der Schöpfungsbericht. Mögen wir Eltern auch wissen, daß er keine naturwissenschaftliche Deutung der Welt sein will, für das Kind brauchen wir diese Erklärung nicht zu geben. Es versteht, was dieser hymnische Text sagen will. Die Welt gehört zu Gott, die Welt ist Gott zu eigen, die Welt lebt aus ihm. Alle Menschen gehören zu Gott, der Vater und die Mutter gehören zu Gott, das Kind gehört zu Gott, und das ist gut so. Das ist die Erfahrung, die für das Kind aus diesem ersten Schöpfungsbericht entsteht.

Einem Kind im Alter bis zu 3 Jahren sollte man diesen Text nicht einfach vorlesen. Das Kind verfügt noch nicht über so viele Worte, daß es den festgelegten Text der Heiligen Schrift ohne weiteres verstehen könnte. Seine Welterfahrung ist begrenzt, es kennt nur wenige Tiere, es kennt vielleicht nicht das Meer, es kennt vielleicht nicht einmal ein größeres Wasser; und doch soll es erfahren, daß seine Welt zu Gott gehört. Also müssen wir ihm den Schöpfungsbericht, wenn wir es können, so erzählen, daß das, was seine Welt ausmacht, in ihm erwähnt wird. Das Kind liebt Genauigkeit, es liebt Einzelheiten. Es will die Blumen, die auf Gottes Geheiß geblüht haben, beim Namen genannt wissen, die Rose, die Nelke, das Alpenveilchen. Es will sich vergewissern, daß alle vertrauten Tiere aus Gottes Hand hervorgegangen sind und aus seinem Willen leben. Die Biene, die Fliege, die Eidechse, die Schildkröte, der Goldhamster und der Kater von der Tante Emma.

In dieser Zeit erzählen wir noch nichts von dem Kreuzestod und dem Leiden. Dieses Geheimnis unseres Glaubens, das scheinbare Scheitern des Gesalbten des Herrn, des Messias, des Christus, ist eine Wahrheit, die nicht nur das Verständnis des Kindes übersteigt, sondern vor allem sein Einfühlungsvermögen, ganz besonders aber sein anteilnehmendes Herz. Es genügt für das Kind zu wissen, daß die Aufgabe, die dieser Jesus gehabt hat, allen Menschen das Heil zu bringen, noch nicht gelöst ist, daß die Erfüllung dieser Aufgabe noch aussteht und daß die Eltern mit allen Menschen darauf warten.

# Feste

Feste feiern tut unser Kind für sein Leben gern. Aber unsere ganz Kleinen sind noch nicht die geeigneten Festteilnehmer. Für sie wird jedes Ereignis zum Fest, eine leckere Mahlzeit, eine Spielstunde mit dem Vater, ein Plantschbad mit dem Bruder und eine stille Plauderstunde mit der Mutter. Daß Gott auch an dieser Freude Anteil nimmt, kann durch das Gebet ausgedrückt werden. „Großer Gott, wir haben heute so schön im Schnee gespielt und einen großen Schneemann gebaut. Vielen Dank für den schönen, schönen Tag. Amen."

Aber wie steht es mit den christlichen Festen? Und damit erhebt sich eine weitere Schwierigkeit: unser Kind weiß bisher nur von Gott, der die Welt erschaffen hat und sie im Leben erhält. Aber er weiß nichts von Jesus. Jesus ist nicht auf die gleiche Weise erfahrbar wie Gott. An Gott kommt unser Kleines sozusagen nicht vorbei. Aber von Jesus müssen wir ihm erzählen. Unser Dreijähriges ist noch nicht im ausgesprochenen Erzählalter, und wir wollen ja beileibe kein Glaubensgebäude in ihm aufrichten mit Begriffen wie Sündenfall, Erlösung und ewiger Seligkeit. In diesem Alter bietet vorwiegend ein einziges Fest einen Anknüpfungspunkt für unser Kind, und das ist die Geburt des Herrn, Weihnachten.

In der Theologie ist es heute jedem klar, daß gerade dieses Fest, christlich gesehen, nicht im Mittelpunkt steht. Daß die anderen Feste im Kirchenjahr Gewichtigeres über diesen Jesus und seinen Vater im Himmel aussagen. Aber sie setzen alle eine so große Reflexion voraus, daß auch das Schulkind sich noch herzlich schwer mit ihnen tut. Die Freude aber über die Geburt eines Kindes ist unseren Kleinen unmittelbar zugänglich. Diese Freude wird natürlich, gestehen wir es nur zu, durch die Überraschungen und Geschenke verstärkt. Es ist kein Zweifel: Weihnachten ist ein rechtes Kinderfest. Nicht, um es pädagogisch auf den

Glauben hin zu nutzen, sondern weil in uns ebenfalls die Freude über die Ankunft unseres Herrn lebt, erzählen wir unserem Kind von dem Neugeborenen im Stall und von der Freude der Hirten. Irgendwelche Glaubenserklärungen geben wir nicht ab. Der Erzählungskern könnte ungefähr so lauten: „Damals waren viele Menschen arm, sie hatten wenig zu essen. Viele waren nicht frei, sie mußten für fremde Herren arbeiten. Viele waren krank, viele waren traurig und müde. Und keiner half ihnen. Da hat sich Gott ihrer erbarmt. Er wollte, daß alle Menschen wieder fröhlich sein können. Niemand sollte mehr traurig sein, niemand müde, niemand krank. Er wollte, daß *Einer* Freude in die Welt bringt. Dieser Eine war Jesus. Der sollte allen Kummer wiedergutmachen. In einer Nacht ist er geboren worden, deswegen nennen wir diese Nacht die Heilige Nacht. Und alle, die davon gehört haben, haben sich gefreut. Und heute, nach vielen vielen Jahren, feiern wir seinen Geburtstag und freuen uns auch."

Es mag sein, daß im Advent dieses Wissen noch um einige Überlegungen erweitert wird. Unser Kind lebt ja ganz auf die Zukunft hin. Es erwartet von der Zukunft seine Selbständigkeit, seine Unabhängigkeit, seine Freiheit und sein volles Können und Vermögen. Im christlichen Glauben erhoffen wir von der Zukunft etwas sehr Ähnliches: die Wiederkunft Jesu und die Herrschaft Gottes auf der neuen Erde. Diese Herrschaft, die endlich allem Leid und Unvermögen ein Ende machen soll. Unsere Kinder erleben ihr Unvermögen ja viel stärker als wir Erwachsene, die wir uns mit vielen Pferdestärken und Turbinenkräften und Komputern und Schutzimpfungen über unsere Unselbständigkeit hinwegtäuschen können. Neue Erde, das heißt für unsere Kinder ganz konkret: keine Grippe mehr haben, nicht mehr mit Fieber und einem wehen Bein im Bett liegen, keine Angst vor dem Nachbarshund im Zwinger und vor der stechenden Biene zu haben. Das heißt, daß die Mutter immer Zeit hat und fröhlich ist und daß der Vater gutgelaunt und zum Spielen aufgelegt heimkommt. Das sind Kindervorstellungen, gewiß. Sind sie deswegen falsch? Wandeln sich nicht auch unsere Hoffnungen auf die neue Erde im Lauf unseres Lebens mehrfach? Sind wir nicht berechtigt, jeweils die Aufhebung unseres augenblicklichen Leides und unserer augenblicklichen Einschränkung zu erbitten? Unsere Kinder werden durch solche Vorstellungen nicht auf allzu kindliche Aspekte festgelegt. Sie tun für ihr Alter das ihnen

Gemäße. Sie vertrauen auf die Wiederkunft des Herrn und hoffen auf Freude und Heil mit ihm.

Durch wenige Erzählungen und Erklärungen haben die Kinder eine richtige Vorstellung von Gott und der Welt: sie wissen, daß die Welt zu Gott gehört, ihm zu eigen ist. Sie wissen, daß Jesus zur Freude und zum Glück für uns geboren wurde. Und sie hoffen, daß er einmal alles Leben neu macht.

Aber dieses Wissen ist kein Buchstabenwissen, sondern es ruht auf Erfahrungen auf. Wissen kann man vergessen, Erfahrungen bleiben. Auf dem Arm der Mutter hat das Kind erfahren, daß die Welt und es selbst zu Gott gehört; durch das Fest mit den Eltern hat es sich über die Geburt Jesu gefreut. Und in der Interpretation der Eltern hofft es darauf, daß all sein kleiner und sein großer Kummer einmal ein Ende hat.

# Das Gewissen und der Trotzkopf

Das Gewissen sei die Stimme Gottes, so sagt man. Das wäre eine einfache Sache, wenn man nur auf sein Gewissen hören müßte, um Recht von Unrecht zu unterscheiden. Dann besäße unser kleines Kind ja auch schon ein Gewissen, auf das es sich verlassen könnte. Das ist aber nicht der Fall, und das Gewissen ist auch nicht die Stimme Gottes, leider. Sondern zunächst einmal ist es die Stimme der Mutter, die warnt, verbietet oder lobt und gutheißt. Die Mutter weiß, daß ihr Kind, das nur wenige Monate alt ist, ihrer Stimme nicht gehorchen kann. Zwar mag das Kind die Freude oder den Ärger in ihrer Stimme durchaus wahrnehmen – sein Verhalten kann es noch nicht danach einrichten. Auch mit einem Jahr wird die Mutter nicht sagen können: „Veronika, daß du mir nicht an den Herd langst! Du verbrennst sonst deine Finger!" Sondern sie wird verhindern müssen, daß Veronika eine Gelegenheit findet, die heiße Kochplatte anzugreifen. Dem Anderthalbjährigen wird sie verbieten, die Blumen anzufassen. Die Blumenerde ist aber gar zu faszinierend für den kleinen Kerl. Er wird sich einfach zunächst nicht um ihr Gebot scheren. Später überzeugt er sich wohlweislich, ob die Mutter auch nicht hinschaut. Das Gebot gilt nur so lange, wie es überwacht wird. Wird der Übeltäter dann dabei erwischt, erschrickt er und schämt sich. Aber das nächste Mal wird das gleiche Spiel von vorn beginnen. Die Blumenerde ist verlockend, die Mutter nicht anwesend, die Versuchung groß. Das Gebot der Mutter wird zwar erinnert, aber bildet ein zu schwaches Gegengewicht gegen die augenblickliche Verführung durch die braune, griffige Erde. Zehnmal, zwanzigmal, meinetwegen auch dreißig- oder fünfzigmal muß die Mutter das gleiche wiederholen: „Anton, nicht daß du mir an die Blumen gehst. Das darfst du nicht." In diesem Alter bedarf es keiner Erklärung. Sie wäre falsch am Platz. Das Wort der Mutter gilt unbezweifelbar, auch wenn es nicht befolgt wird.

Irgendwann einmal ist der Kleine imstande, das Gebot auch ohne Dabeisein der Mutter einzuhalten. Oft kann man durch die offene Tür hören, wie er ein Selbstgespräch führt: „Schöne Blumenerde. – Nein, nein, Anton. Nicht daß du mir an die Blumen gehst!" Unter Umständen kann sich dieses Selbstgespräch mehrmals wiederholen. Wir hören zwei Stimmen in Antons ach so kleiner Brust: das eigene Verlangen: „Schöne Blumenerde!" – und das Verbot der Mutter: „Nicht daß du mir an die Blumen gehst!" – Es wird jedem Beobachter auffallen, daß das Verbot nicht abstrakt übernommen wird, sondern zunächst in der wörtlichen Formulierung der Mutter. Zumeist wiederholen die Kinder sich dieses Verbot auch im gleichen Ton, wie die Mutter ihn bei derartigen Gelegenheiten anschlägt. Das Gewissen fängt an. Es ist aber nicht die Stimme Gottes, sondern die Stimme der Mutter, die es lenkt. Es bezieht sich zunächst nicht auf die Unterscheidung zwischen Gut und Böse, sondern einzig und allein zwischen Verbotenem und Erlaubtem. Denn daß das Spielen mit Blumenerde im Ernst böse sein könnte, wird doch wohl niemand behaupten wollen. Das frühe Gewissen bezieht sich also vorwiegend auf das Manschen im Spinat, auf das Greifen nach Brillengläsern, auf den Küchenherd, auf Wasser und Schmutz. Dieses Gewissen ändert sich mit der Zeit. Dann bezieht es sich auf Bravsein, Artigsein, Nicht-Lügen, Nicht-Naschen, Nicht-Zanken, Nicht-die-Mutter-Stören, wenn sie Ruhe haben will, Nicht-mit-dem-Bruder-Herumbalgen, Nicht-dem-Vater-lästig-Fallen, wenn er fernsehen will, Nicht-die-Bücher-Zerreißen und Eselsohren-Einknicken usw. usf. Und auf diesem Gewissen bleiben zahllose Menschen stehen, fragen nur danach, was verboten und was erlaubt ist. Sie fragen nicht danach, was gut und was böse ist. Es ist, als ob immer noch die Mutter oder der Vater heimlich dahinterstünde und dekretierte: „Das sollst du nicht. Das darfst du nicht." Zu einer eigenen Entscheidung zwischen zwei Dingen kommen viele Menschen nie. Sie richten sich immer nach anderen. Und wenn die sagen, Töten sei erlaubt, dann kann es auch zu so schrecklichen Vorfällen kommen, wie sie vor allem gegen die Juden im Dritten Reich geschehen sind, wie sie aber auch heute noch überall auf der Welt passieren können.

Mit etwa drei, vier Jahren kann unser Kind dieser primitiven Gewissensstimme gehorchen. Vorher muß aber etwas Wichtiges vor sich gegangen sein: das Kind hat das Trotzalter durchlaufen. Das Trotzalter – gestehen wir geplagten Eltern es nur zu, ist eine anstrengende Zeit für die Familie. Das Kind von zwei bis drei Jahren will partout anders als die Eltern. Es will rechts herum, wenn sie links herum möchten; es will weitergehen, wenn sie nach Hause zurückkehren möchten; es will sich nicht waschen lassen, wenn die Mutter es für nötig hält; und es will eine Plantscherei bewerkstelligen, wenn die Mutter sie absolut nicht gebrauchen kann. Das Kind hört nicht „auf die Stimme der Mutter", weder in Wirklichkeit noch in seinem kleinen Gewissen, sondern es hört nur auf das Verlangen seiner eigenen winzigen, aber höchst energischen Person. Wenn wir in diesem Alter die Trotzreaktionen unseres Kindes böse nennen, eben etwas, das nicht sein dürfte und das es sich möglichst schnell abgewöhnen soll, schädigen wir wesentlich die Gewissensentwicklung. Wir nehmen dem Kind die Möglichkeit, sein eigenes Ich und seinen eigenen Willen zu entwickeln. Wir prägen es darauf, blinder Befehlsempfänger zu sein. Und noch etwas: für die Vorstellung von der Sünde schneiden sich falsche Gleise ein: Später heißt es nämlich folgendermaßen: „Du bist böse. Also bist du schlecht. Also tust du eine Sünde. Also tust du dem lieben Gott weh. Also mag Gott dich nicht und straft dich." In ein paar Jahren würde dem Kind diese Folge geläufig sein. Und im Alter von zwei bis drei Jahren hat sie sich eingespurt. Das Kind im Alter von zwei bis drei Jahren kann ein Quälgeist und Dickkopf sein, es kann mit aller zur Verfügung stehenden Kraft ungezogen sein, aber böse ist es nicht.

Der arme Schelm, er muß doch seinen eigenen Willen entdekken und ihn im Kampf mit den Eltern erproben. Wir nennen etwas, das entwicklungsnotwendig ist, böse, und dabei ist unser Kind nur ungezogen. Im wahrsten Sinne des Wortes: es ist noch nicht erzogen. Und wer könnte ihm das verübeln? Aber böse oder gar schlecht ist es auf gar keinen Fall. Das Ergebnis ist: unser Kind hat ein schlechtes Gewissen, wenn es seinem eigenen Willen folgt. Eines Tages wird es sich an die Gebote anderer Leute klammern, um nicht mit ihnen in Konflikt zu geraten, anstatt aus eigener Einsicht zwischen Gut und Böse zu wählen und aus eigenem Willen sich zu entscheiden.

Überhaupt neigen wir Eltern dazu, viel zu schwere Geschütze gegen die Ungezogenheiten unserer Kinder aufzuführen. Wenn unser Sohn den Mantel nicht anziehen will, bevor er in den Garten geht, können wir ohne weiteres entscheiden: „Dann bleibst du eben hier." Oder wir können den Widerspenstigen unter den

Arm klemmen und mit ihm über die Straße laufen, ihn unseren Zorn merken lassen und sagen: „Jetzt kriegst du kein Bonbon mehr aus Mutters Tasche." Denn es gibt ja wirklich Regeln, die unser Herr Sohn befolgen sollte und wo Ungehorsam lebensgefährlich wird. Aber ihn in der Öffentlichkeit durchzuhauen und daheim in sein Zimmer einzusperren und ihm stundenlang böse zu sein, das ist keine entsprechende Strafe auf seinen so verständlichen Widerspruchsgeist. Durch die Art unserer Strafen können wir das Gewissen unseres Kindes schulen. Grobe Strafen, unangemessene Strafen zerstören die Feinfühligkeit, die zu einem rechten Gewissen nötig ist. Wer für eine kleine Unbeholfenheit immer mit einer Tracht Prügel rechnen muß, muß entweder lernen, daß auch die kleinste Unbeholfenheit unentschuldbar ist, oder er verhärtet sich mit der Zeit gegen die Strafe und nimmt sein leise mahnendes Schuldgefühl nicht mehr wahr.

Die Strafe ist für die meisten Eltern in der Erziehung unvermeidlich. Sie soll aber immer der Tat entsprechend sein. Dann kann sie auch von dem Kind akzeptiert werden. Aus einer geringfügigen Ungezogenheit, die wir mit Gott in Verbindung bringen, resultiert eine falsche Sündenerfahrung und ein falsches Gewissen, resultiert auch die Erfahrung der Unvermeidbarkeit, Sünden zu tun, und das in einem Alter, wo von Sünde in Wirklichkeit gar nicht die Rede sein kann.

# *Unser Kind im Alter von 4 bis 7 Jahren*

# Vom Christkind und vom Nikolaus

In Deutschland ist es üblich, daß die Eltern ihren Kindern sagen, das Christkind brächte an Weihnachten die Geschenke. Vielen Kindern schadet diese Unwahrheit nicht sehr, weil sie die Tatsache des geschenkebringenden Christkindes nicht wichtig nehmen. Für sie ist allein ausschlaggebend, daß an Weihnachten viele Wünsche in Erfüllung gehen. Auf welche Weise, das ist Nebensache.

Einem Kind aber, das in der Vorstellung aufwächst, daß Jesus auf besondere Weise mit Gott zu tun hat, eben mit jenem fernen Gott, den es lieben und ehren gelernt hat, dem schadet dieses Weihnachtsmärchen sehr. Verstehen wir recht: für ein Kind, dessen Herz nicht beteiligt ist an allem, was von Gott und diesem Jesus berichtet wird, schadet das Weihnachtsmärchen nur insofern, als es eine Unwahrheit der Eltern konstatiert. Für die anderen Kinder aber kann es eine Katastrophe werden. Daher erzählen viele Menschen, daß die schwerste Enttäuschung in ihrer Kindheit die Zerstörung der Weihnachtsmärchenillusion gewesen sei. Warum war für sie diese Erfahrung so bitter, daß jeder Erzieher gewünscht hätte, sie wäre dem Kind erspart geblieben?

Stellen wir uns vor: unser Kind hat gelernt, seinen Tag und seine Nacht in dem Vertrauen zu verbringen, daß Gott ihm nahe ist. Obwohl das Kind von etwa vier Jahren nicht formulieren kann, wonach es verlangt: unbewußt ist der Wunsch da, dieser Gott möge nicht verborgen bleiben. So wie das Kind nach der Nähe der Mutter verlangt und in diesem Alter noch weint, wenn die Mutter für einen Nachmittag ausgegangen ist, so möchte das Kind auch die Nähe dieses unbekannten und doch so vertrauten Gottes erleben. Dem Kind, in dem dieser Wunsch unbewußt wach ist, bedeutet nun das Weihnachtsmärchen etwas Besonderes: Wenn das Christkind vom Himmel kommt und die Geschenke bringt, dann wird ja endlich die Kluft des Nichtsehens, des Nichtbeisammenseins aufgehoben. Dann wird das Kind endlich mit Gott vertraut. Denn einen großen Unterschied macht das Kind nicht zwischen Gott und diesem Christkind. Für das Kind ist beides fast dasselbe. Auch diese Vorstellung, daß Gott und Jesus nicht unterschieden seien, ist falsch und bereitet dem Kind in späteren Jahren viele Schwierigkeiten. Wir ersparen ihm unnötige Zweifel und unnötiges Aufbegehren, wenn wir auf diese falsche Theologie verzichten würden. Aber im Augenblick interessiert uns mehr die kindliche Konsequenz aus diesem Irrtum: im Christkind kommt Gott nahe.

Daß Gott nahe ist, glauben wir zwar, aber wir erfahren seine Nähe nur selten. Das Kind spürt aber noch den Wunsch, diese Nähe zu erfahren. Und nun kündigt sich diese Nähe im Christkind an. Zwar macht das Kind die Erfahrung, daß das Christkind sich nicht persönlich zeigt – wahrscheinlich fühlt sich das Kind nicht würdig, ihm persönlich zu begegnen –, aber es erfährt doch handgreiflich, daß das Christkind sich um es kümmert. Es erfüllt seine großen und kleinen Wünsche. Der Zauber der Kerzen und des Weihnachtsglanzes nimmt für unser Kind eine himmlische Färbung an. So ist es, wenn Gott nahekommt: die Menschen sind friedlich, sie sind vergnügt, sie machen sich gegenseitig Freude.

Im Kind bildet sich durch diese Erfahrung folgende Vorstellung: an Weihnachten ist Gott wirklich nahe. Es kann ihn in seinem Glanz sehen, in seinem Geheimnis spüren und in seinen Geschenken erleben. Ein paar Jahre später erfährt das Kind, daß diese Erfahrung ein Irrtum war. Der Glanz war käuflich, die Geschenke stammten aus dem Supermarkt, und vom Christkind bzw. von Gott war nicht die Rede. Das, woran sich das Herz unseres Kindes geklammert hatte, nämlich die greifbare Nähe Gottes, hatte sich als Lug und Trug erwiesen. Und dann wundern wir uns, wenn unsere Kinder ungläubig werden? Wenn sie sich weigern, weiterhin die Hoffnung auf die Nähe Gottes in ihrem Herzen zu hegen, die einmal so bitterlich enttäuscht worden ist? Die Ablehnung gegen die Eltern, die das Kind hintergangen und angelogen haben, ist beim Weihnachtsmärchen gar nicht das wichtigste. Sondern die zerstörte Hoffnung, daß Gott auf dieser Welt nahekommen kann.

Was können wir Eltern tun? Es bleibt nichts anderes übrig, als konsequent auf das Weihnachtsmärchen zu verzichten. Wir müssen darauf verzichten, wenn in unserem Kind nicht die

Hoffnung zerstört werden soll, daß Gott ihm Tag und Nacht nahe ist. Wir dürfen seine Erfahrung nicht fehllenken und mißbrauchen zu einem irrigen Gotteserlebnis. Denn unsere Kinder sind viel frömmer, als wir glauben: natürlich bedeuten ihnen die Geschenke sehr viel. Aber ihre Einzigartigkeit entsteht aus der fälschlichen Behauptung, sie stammten vom Christkind. Das Kind erlebt, daß es Gott selbst so wichtig ist, daß er sich einmal im Jahr um die Erfüllung seiner Wünsche kümmert. Die Enttäuschung in der Aufklärung über den wahren Sachverhalt muß also besagen: ich bin Gott nicht wichtig. Er hat keinen Anteil an mir genommen. Aus diesem „keinen Anteil" wird nur allzu leicht die bittere Erfahrung: er hat nie Anteil an mir genommen. Und damit entsteht Unglauben aus der Enttäuschung.

Diese Enttäuschung müssen wir Eltern unbedingt unseren Kindern ersparen. Es gibt keine Entschuldigung dafür, sie in dem Irrtum zu bestärken, der Verkehr zwischen Gott und den Menschen ginge auf eine derartige Weise vor sich.

Ist das Nikolausmärchen nun ebenso schädlich? Dort, wo der Nikolaus nichts anderes ist als eine Süßigkeiten bringende Person, der keine besondere himmlische Würde zu eigen ist, müssen nur die Eltern ihre Unwahrheit gegenüber den Kindern verantworten. Dort aber, wo er zum Heiligen stilisiert wird, der sich der kleinen Schleckermäulchen erbarmt, gerät er in eine ähnliche endzeitliche Rolle hinein wie das Christkind. Da sich die Aufklärung zumeist auf das Christkind konzentriert, kann es vorkommen, daß das Kind einfach nicht wahrhaben will, daß seine Verbindung zu den Himmlischen nur in seiner Phantasie bestanden hat. Und immer wieder wird von solch enttäuschten Kindern gefragt: „Aber dann gibt es doch bestimmt einen Nikolaus?"

Was sollen wir Eltern tun? Wir müssen auf jeden Fall darauf verzichten, in unsere Erziehungsmaßnahmen den Nikolaus oder das Christkind einzubeziehen, ganz besonders aber es von der Verbindung mit dem 6. Dezember und Weihnachten frei halten. Deswegen werden beide Feste nicht minder schön. Wir erzählen den Kindern vom Nikolaus, der ein großer Bischof gewesen sein soll und sich vieler armer Menschen angenommen hat. Er hat für die Hungrigen Speise kochen lassen, er hat ihnen Kleidung gegeben, und er hat für sie gesorgt, wenn sie in Not waren. Daß er für die Kinder ein besonderes Herz gehabt hat, ergibt sich von selbst. Das ist Grund genug, um den Tag zu feiern und allen Kindern eine Freude zu machen.

Auch auf das köstliche Verkleidungsspiel braucht nicht unbedingt verzichtet zu werden, wenn den Eltern danach zumute ist. Den Kindern macht es natürlich viel Freude. Sie können dabeisein, wie der Vater oder der Onkel die rote Montur, den Bart und die Bischofsmütze anzieht, sie können ihn feierlich begrüßen, wie das eben bei hohen Herrschaften Sitte ist, er darf sie auch ruhig nach ihrem Wohlergehen und ihrer Artigkeit fragen. Denn wer Geschenke verteilt, hat ein Anrecht auf solche Fragen. Dieses Spiel hat den Vorteil, daß das Kind dem Nikolaus, der vor vielen hundert Jahren gelebt haben soll, sich gegenübergestellt sieht. Es erlebt ihn in keiner Weise als himmlische Figur, sondern als der, der er vielleicht gewesen ist: als ein guter und hilfreicher Mensch, der um Gottes willen den Armen und Hilflosen zur Seite trat und der es wert ist, daß seiner heute noch gedacht wird.

Auch dem Weihnachtsfest geht kein Glanz verloren. Zwar fällt die himmlische Zauberluft aus, dafür wird aber die Aufmerksamkeit des Kindes intensiver auf den Sinn des Geschehens hingelenkt: die Menschen machen sich gegenseitig Freude, weil sie sich freuen über die Geburt Jesu. Etwas von der Freude, die Jesus auf die Welt gebracht hat, soll in der Freude über das Fest und über die Geschenke aufklingen. Natürlich gibt es auch in dieser Vorzeit Heimlichtuerei und Erwartung, genauso wie zu der Zeit des Weihnachtsmärchens. Aber die Hoffnung und Erwartung ist nicht überspannt. Sie richtet sich auf Erfüllbares. Die große Hoffnung, daß Jesus einmal wirklich nahekommen will, richtet sich nicht auf die Geschenke, sondern richtet sich auf einen Tag, den niemand von uns kennt. Die Hoffnung auf diese Erfüllung in unseren Kindern zu wecken, ist die Aufgabe der Adventszeit. Sie lauschen mit offenen Ohren und heißen Köpfen unserer Erzählung von der Erwartung der Welt. Die Hoffnung, daß durch Jesus alle Welt heil werde und das Weihnachtsfest Vorbild für den kommenden Frieden sei, soll in ihnen wachsen. Dazu müssen wir in unseren Drei- oder Vierjährigen das Verständnis für das Leid wecken, für den eigenen kleinen oder auch großen Kummer, den sie haben, für die Sorge, die andere Menschen haben, für den Schrecken des Krieges und die Schmerzen, die der Hunger, und für das Leid, das die Einsamkeit bereitet.

Wie könnte eine solche Erzählung lauten? „Du weißt doch, Jesus hat versprochen, daß er wiederkommen wird. Er wird wiederkommen, und dann wird Gott der König auf dieser Welt sein.

Er wird bei uns wohnen, wir alle werden ihn kennen. Wir werden uns freuen, noch viel mehr, als wie wir uns freuen, wenn der Großvater zu Besuch kommt. Denk dir, das wird eine herrliche Zeit. Dann wird niemand mehr traurig sein. Dann fällt nicht mehr der kleine Vogel aus dem Nest und weint die Vogelmutter nach ihm. Dann bricht sich unser Schnauzer nicht mehr das Bein, und die Katze wird nicht mehr von einem Auto überfahren. Und du schlägst dir keine Beule mehr. Die Mutter ist nicht mehr traurig, weil das Brüderchen gestorben ist. Keiner wird mehr krank, alle Menschen leben in Frieden. Und du darfst mit dem großen Löwen im Zoo spielen und brauchst dich vor dem wilden Stier nicht mehr zu fürchten. Es wird keinen Krieg mehr geben, kein Mensch leidet Hunger, kein Kind leidet Durst. Das wird geschehen, wenn Gott König ist auf der Welt."

Wir können dieser Erzählung, die sich je nach den Erlebnissen des Kindes ändern muß, hinzufügen: „Als Jesus auf die Welt kam, hat er versprochen, daß Gott König wird und daß alles Leid ein Ende nimmt. Wenn wir uns also freuen, daß er auf die Welt gekommen ist, dann denken wir zugleich daran, daß er einmal wiederkommt und dann alles in Erfüllung geht, was er versprochen hat. Darüber freuen wir uns an Weihnachten, und darauf hoffen wir."

Verstehen wir jetzt, warum wir auf das Christkindmärchen verzichten müssen? Wir dürfen nicht die Erwartung auf eine Illusion in dem Kind züchten, sondern wir müssen die Hoffnung grundlegen auf die neue Erde.

# Weitere Erfahrungen mit Gott

Unser Vierjähriges hat schon recht genaue Vorstellungen von Gott, die sich in den nächsten Jahren noch anreichern und vertiefen. Zwar kann es nicht formulieren, was es von ihm zu sagen weiß, aber erlebt und erfahren hat es schon eine ganze Menge mit ihm. Versuchen wir, uns einen Überblick darüber zu verschaffen.

Es weiß, daß Gott größer und mächtiger ist als die Eltern. Es sieht, daß die Eltern ihn bitten und ihm danken. Eigentlich verhalten sie sich zu Gott, wie ein Kind sich zu seinen Eltern verhält. Und wie ein Kind zu seinen Eltern gehört, so gehören die Eltern auch zu Gott. Auch das Kind gehört zu Gott, er behütet seinen Tag und seine Nacht, ihm dankt es für den schönen Tag und für die gute Nacht. Gott nimmt Anteil an allem, was das Kind tut: es erzählt ihm im Gebet von seinem Spiel, ja von seinem Spielzeug, von seinen Spielgefährten, kurz, von jedem Ereignis, das den Tag auszeichnet. Gott hat etwas mit dem Essen und Trinken zu tun. Die Mutter bereitet zwar die Speisen zu, und trotzdem dankt sie Gott für das Mahl. Gott hat etwas mit dem Wachsen und Blühen zu tun, ja mit dem Werden des Kindes im Mutterleib. Gott hat etwas mit dem Mond und der Sonne zu tun, mit Schnee und Regen, mit Sturm und Kälte. Gott hat auch etwas mit dem Krankwerden zu tun, denn die Mutter bittet ihn um Genesung für ihr Kind.

Schon unser Vierjähriges weiß, daß dieser Gott sich widersprüchlich verhält. Er läßt die Kinder zur Welt kommen. Läßt er sie auch krank werden? Zeichnet er vielleicht gar für den Tod verantwortlich? Später wird das Kind diesen Gott den „Herrn über Leben und Tod" nennen lernen. Die Erfahrung, die bittere Erfahrung, hat es schon in den ersten Lebensjahren gemacht.

Irgendwann stirbt in der Familie ein Mensch, vielleicht der Großvater. Über viele Wochen hinweg hat das Kind gebetet,

Gott möge ihn gesund werden lassen. Aber diese Bitte ist nicht erfüllt worden. Eines Tages kam die Nachricht, daß der Großvater tot ist. Alle sind traurig und weinen. Gott hat dem Kind diesen Schmerz nicht erspart. Das Kind hat das Gefühl, daß Gott ihm etwas angetan hat. In seine Bitterkeit hinein trifft die Erfahrung, daß die Eltern abermals das Gespräch mit Gott anheben. Sie bitten ihn nun, dem toten Großvater den Frieden zu geben. Dann hat Gott also noch weiterhin Verantwortung für den Großvater? Dann kümmert er sich also weiterhin um ihn? Hat ihn vielleicht weiterhin lieb, auch wenn er in die Erde gelegt und eingegraben wurde? Wenn der Tod also etwas mit Gott zu tun hat – dann ist er vielleicht nicht nur schlecht und abscheulich? Das Kind beginnt, einen Sinn in dem Verlust zu ahnen, eben aus dem Vertrauen der Eltern heraus, daß Gott gut bleibt, auch wenn er mit dem Tod zu tun hat.

Vielleicht erlebt das Kind das Begräbnis mit, die Trauer und den Schmerz der Angehörigen, es erlebt noch einmal seinen eigenen Verlust und fühlt sich untröstlich. Es registriert, daß das Sterben wie mit einem Fest begangen wird. Selbst die Trauernden werden fröhlich, es wird gegessen und getrunken, es wird des Toten gedacht und der Lebenden, man lacht und weint und lacht und freut sich und ist traurig – alles zur gleichen Zeit. Trauer und Erwartung liegen dicht nebeneinander. Und all das hat mit Gott zu tun.

Gott ist unbegreiflich. Diese Erfahrung macht das Kind sehr rasch. Für das Kind ist der Tod eines alten Menschen genauso traurig wie der Tod eines jungen. Für uns Erwachsene dagegen hat der Tod eines alten Menschen mehr Sinn als der eines jungen. In noch tiefere Dimensionen aber gerät unser Kind mit der Erfahrung eines krank geborenen Geschwisters. Auch das hat mit Gott zu tun. Die Eltern bitten Gott flehentlich um Genesung. Wenn Gott Genesung geben kann, dann gibt er auch die Krankheit? Vielleicht fragt unser Kind: „Vater, hat denn Gott unser Schwesterchen krank gemacht?“ Und der Vater weiß keine Antwort darauf. Hat Gott wirklich dieses Kind krank auf die Welt kommen lassen? Zeichnet er dafür verantwortlich? Er weiß es selbst nicht. Nur eines weiß er: auch das Kranksein hat mit Gott zu tun. Er sagt: „Ich weiß es nicht, Klaus. Gott hat gewollt, daß unsere Susanne lebt. Aber sie ist krank. Vielleicht wird sie nie gesund werden. Warum das so sein muß, das kann niemand sagen. Nur eins ist sicher: Gott hat unser Susannchen lieb.“

An solchen Erlebnissen erfährt unser Kind das große Warum. Das Warum, das sich ein Leben lang nicht auflösen kann, das als Beunruhigung stehenbleibt. Es ist keine leichte Sache mit diesem Gott. Mit vier Jahren versucht das Kind, sich eine größere Sicherheit zu verschaffen. Die Macht der Naturwissenschaften tut sich als Eigengewicht auf. Das Kind sagt: „Aber wenn ich immer fleißig meine Zitrone trinke und meinen Lebertran nehme, dann werde ich nicht krank." Den Gedankengang, der in dem kleinen Kinderköpfchen sich abspielt, können wir erraten: Was das Kind noch nicht formulieren kann, lautet ungefähr folgendermaßen: „Bei Gott gibt es Freude und Leid. Ich mag aber von Leid nichts wissen. Ich will nur Freude haben. Also muß ich mich nach jenen Kräften umsehen, die mich vor Leid bewahren können." In diesem Fall sind es die Vitamine. Das Kind möchte das Zwielichtige in Gott ausmerzen. Die Welt soll heil sein und Gott nur zuständig sein für Glück und Freude. Das Kind möchte noch mit seinen Wünschen die Welt verändern, es möchte noch die Wirklichkeit umzwingen in ein harmloses, immer gelingendes Gedeihen. Das Kind begehrt gegen die Unberechenbarkeit und Unbegreiflichkeit Gottes auf. Es erlebt den ganzen Zwiespalt seiner Dunkelheit und seiner Helle. Es kann nicht darüber hinwegsehen. Und jeder Religionsunterricht, der Gott als harmlosen alten Mann hinstellt, der für Friede und Ordnung auf der Welt sorgt, muß an diesen Erfahrungen des Kindes vorbeireden. Gott ist nicht harmlos. Diese Erfahrung, die unser Kind schon in den ersten Lebensjahren macht, wollen wir Erwachsenen oft nicht wahrhaben. Das Kind wehrt sich noch gegen die Widersprüchlichkeit und Unvereinbarkeit seines Gottesbildes. Und wir Großen wollen die Antinomie Gottes nicht mehr wahrhaben. Das Kind leidet noch an ihr und begehrt dagegen auf. Wir haben einen faulen und unglaubwürdigen Kompromiß geschlossen. Wir wollen die Antinomie nicht mehr wahrhaben. Wir können eine ganze Menge von unseren Kindern an Ehrlichkeit und Aufrichtigkeit und Offenheit lernen. Es gehört Mut dazu, mit diesem Gott auszuhalten.

# Erzählungen aus dem Alten und Neuen Testament

Viele Eltern tun sich schwer mit der Heiligen Schrift. Vielleicht sind sie als Kinder damit überfüttert worden, vielleicht haben sie unzählige Kapitel auswendig lernen müssen, vielleicht sind sie ihr außer in dem Sonntagsevangelium, das Jahr für Jahr mit ermüdender Eintönigkeit wiederkehrte, nie begegnet. Deswegen müssen wir uns zunächst Gedanken machen über unser eigenes Verhältnis zu der Bibel.

Wir wissen, die Heilige Schrift ist ein uraltes Buch, an dem viele hundert Menschen durch Erzählen, Weitererzählen, Wiedererzählen, Arbeiten und Umarbeiten mitgeholfen haben. Die Heilige Schrift ist in sich sehr uneinheitlich. Sie enthält Sagen, Legenden, Märchen, Erzählungen, Geschichtsangaben, Mythen, Gleichnisse und Visionen. Wir Erwachsenen wissen, daß nicht alles, was die Heilige Schrift berichtet, wörtlich zu nehmen ist. Wir wissen zum Beispiel, daß viele historische Angaben nicht zutreffen. Wir wissen, eine Sintflut in dem Ausmaß, wie die Heilige Schrift sie angibt, hat es nie gegeben. Wir wissen, eine Arche Noah hätte in den Ausmaßen, wie sie in der Heiligen Schrift angegeben worden sind, nie gebaut werden können. Sie wäre nämlich so groß wie der Kölner Dom gewesen. Die schöne Erzählung von Jona und dem Fisch ist vielen lieb und teuer, obwohl wir wissen, daß Gott auf diese märchenhafte Weise nicht handelt. Auch ist Loths Frau sicher nicht zur Salzsäule erstarrt, wenn man auch heute noch menschenähnliche Gebilde, die salzverkrustet sind, als Loths Weib für die Touristen vorführen möchte. Oder der Durchzug durch das Rote Meer. Wir stellen uns vor, daß damals das Wasser wie zu Mauern erstarrt ist und die Israeliten passieren ließ, während die Ägypter unter den Wassermassen begraben wurden. Es ist nicht wahr, daß die Bibel doch recht hat, historisch, müssen wir uns klarmachen, sind diese Erzählungen Sagen, die etwas Wesentliches über

Gott mitteilen wollen. Für den Erzähler war das Wie nicht wichtig, für den Erzähler war nur einzig und allein der wichtig, der hinter allem stand, was Verwundern, Erstaunen und Erschrecken erregte, Gott, der Herr. Er vermochte das Verwunderliche und Erstaunliche und Erschreckende nicht anders auszudrücken als in den Bildern eines Wunders.

Wir wissen heute, so, wie die Heilige Schrift es schildert, sind die Wunder nicht geschehen. Und trotzdem können wir sie nicht als unwahrhaftig verwerfen. Sie sind auch heute noch tauglich dazu, uns aufhorchen und uns fragen zu lassen, wer der ist, der damals mit seinem Volk gekämpft hat. Wer sich einmal ganz klargemacht hat, was die Heilige Schrift in Wirklichkeit will, hat mit diesen Wundererzählungen keine Schwierigkeit mehr. Sie sind ihm eine unentbehrliche Kunde von jenem Gott, über den man nicht anders sprechen kann, als daß man ihn mit Geheimnis und Unbegreiflichkeit umgibt, weil er nämlich mit Geheimnis und Unbegreiflichkeit umgeben ist und so dem Menschen begegnet.

Viele Religionspädagogen haben Angst, daß dieses Weltbild einmal in heftigen Zusammenstoß mit der naturwissenschaftlichen Erkenntnis kommt, daß z. B. die Welt nicht in sieben Tagen erschaffen worden ist, daß z. B. das Licht nicht vor der Erschaffung der Sonne war, daß es eine Entwicklung vom Affen zum Menschen gibt, die heute nicht mehr in Frage gestellt werden kann. Und doch gibt es zwischen dem Schöpfungsbericht und der modernen Naturwissenschaft keine unüberbrückbaren Widersprüche. Die moderne Naturwissenschaft vermag nichts darüber auszusagen, wie das Verhältnis von Gott zu dieser Natur ist. Und genau nur um diesen Punkt dreht sich das, was der Schöpfungsbericht mitteilen will. Gott ist es, der hinter diesem Allem steht. Nicht das Wie ist wichtig, sondern die Frage nach dem Wer, nach dem, der all dies gefügt hat, wie es gefügt worden ist.

Wenn wir heute eine Schulklasse besuchen, so drehen sich die Fragen und Zweifel der Kinder und ihre Abwehr gegen Religiöses vorwiegend um diesen Punkt. Die Religion ist mit der Naturwissenschaft, mit der modernen Erkenntnis von der Welt nicht mehr zu vereinbaren. Und doch wäre dieser Bruch nicht nötig. Das Kind versteht ja auch seine Märchen recht. Es leidet später nicht mehr darunter, daß sie keine Wahrheit in einem primitiven Sinne vermittelt haben. Es hat die Wahrheit, die wichtig in ihnen war, längst aus ihnen entnommen, nämlich jene Wahrheit, daß es gut ist, gut zu sein, und daß das Schlechte in sich seine Strafe hat. Jene Wahrheit, daß dem Schwachen geholfen wird und daß der Starke nicht immer der Stärkste ist. Jene Wahrheit, daß der Arme König werden kann und daß ein König sich leicht betrügen läßt. Jene Wahrheit, daß man Geduld haben muß, daß es Mühsal und Arbeit gibt und irgendwann Gnade und Fülle über die Maßen. Genauso auch ist es notwendig, daß unsere Kinder von den mythischen Bildern der Heiligen Schrift zu der tieferen Wahrheit kommen. Dazu genügt es nicht, daß wir unseren Kindern immer wieder auf ihren Wunsch hin die Schöpfungsgeschichte erzählen. Wir müssen mit ihnen im Gespräch bleiben, wir müssen ihnen immer wieder die Bezüge zwischen der Welt und Gott aufweisen. Und wenn sie fünf Jahre oder sechs, oder sieben Jahre alt sind, entsteht irgendwann von selbst das Gespräch, daß es so, wie die Heilige Schrift die Erschaffung der Welt schildert, sicher nicht gewesen sein kann. Aber daß das unwichtig ist. Auf irgendeine Weise ist es doch so gewesen, nämlich, daß Gott gewollt hat, daß all dies entstand, und daß Gott der Herr über allen diesen Dingen ist.

Vielleicht haben viele Eltern schon seit Jahrzehnten die Heilige Schrift nicht mehr zur Hand genommen, weil sie sich als junge Menschen abgestoßen fühlten von dem Märchenhaften der Erzählungen, von manchen unglaubwürdigen Wunderberichten. Vielleicht auch von Kapiteln, die ihnen in der Schule auf höchst langweilige und beeinträchtigende Weise nahegebracht werden sollten. Ihnen ist nie aufgegangen, daß dieses Buch der Bücher seinen Titel verdient. Es ist die heute nach Jahrtausenden noch gültige Kunde von Gott. Und zwar nicht von irgendeinem Gott von irgendwelchen Philosophen, sondern eben von dem Gott Abrahams, Isaaks und Jakobs. Wer meint, nur durch Nachdenken zu Gott hinfinden zu können, ist sicher auf dem falschen Weg. Er muß ihm begegnen, so wie ihm die Vorväter begegnet sind, die wir gemäß der Heiligen Schrift mit den Namen Abraham, Isaak und Jakob nennen.

Früher war in den Schulen das Fach „Biblische Geschichte" eines der langweiligsten, das wir hatten. Es hatte so wenig mit unserem Leben zu tun, mit dem, was uns interessierte, mit dem, was uns unmittelbar anging. Viele Lehrer verstanden es nicht, uns den unmittelbaren Zugang zu diesen Texten deutlich zu machen. So ist uns der Mut, an diese Texte heranzugehen, abhanden gekommen. Es würde sich aber nicht nur um der Kinder willen lohnen, einen neuen Anfang mit diesem Buch zu beginnen. Es ist immer noch die Quelle, aus der der Glaube gespeist wird. Aber vielleicht gelingt es uns, mit unseren Kindern gemeinsam wieder ein neues Verhältnis dazu zu gewinnen.

Es ist nun beileibe nicht unsere Aufgabe, eine systematische Wissensvermittlung oder eine volle Kenntnis der Heiligen Schrift unseren kleinen Kindern beizubringen. Wir wollen ihnen ja letzten Endes kein Wissen vermitteln, wenn wir ihnen Geschichten aus der Heiligen Schrift berichten, sondern wir wollen ihnen Erfahrung ermöglichen. Erfahrung, mit diesem Gott, dem sie schon im Alltag begegnet sind und der sich vielen Menschen vor ihnen nahe erwiesen hat.

Die Kinder sollen die wenigen Kapitel aus der Heiligen Schrift, die sie in ihrer Kindheit hören, liebgewinnen. Sie sollen ihnen etwas von Gott berichten, aber nicht nur etwas von Gott, sondern davon auch, wie sie selbst zu diesem Gott stehen. Zur Erzählung von der Erschaffung der Welt gehört die Erzählung von dem neuen Himmel und der neuen Erde. Das Kind fragt nach der Vergangenheit, und es fragt nach der Zukunft. Das Kind fragt: „Mutti, wie bin ich auf die Welt gekommen?" Das Kind fragt: „Mutti, wo kommen die kleinen Kinder her?" Das Kind fragt: „Mutti, wo bin ich vorher gewesen, bevor ich bei dir im Bauch war?" Genauso aber auch wird das Kind beschäftigt mit der Frage, was ist einmal, wenn ich groß bin, was werde ich einmal, werde ich ein Vater, werde ich eine Mutter, werde ich Eisenbahnschaffner, werde ich Flugzeugkonstrukteur, werde ich ein Mensch, den man mögen kann. Eigentlich ist das Kind ganz auf die Zukunft ausgerichtet, und es möchte wissen, daß diese Zukunft gut ist und daß es sich lohnt, auf diese Zukunft hin zu leben.

Nun wissen wir, daß es im Kinderleben schon sehr viel Kummer und Leid gibt, sehr viel Enttäuschung und Schmerz. Eigentlich kennt das Kind vor allem zwei Zustände: entweder es freut sich, oder es muß getröstet werden. Und es meint, wie ja auch wir Erwachsenen heimlich in dem letzten Winkel unseres Herzens meinen, eigentlich müßte das Leben etwas sein, in dem die Freude überwiegt und Kummer und Schmerz nicht einen zu großen Raum einnehmen.

Aber wir können natürlich unserem Kind von dem neuen Himmel und der neuen Erde nur dann erzählen, wenn wir selbst darauf hoffen, daß einmal wirklich das Heil auf diese Welt kommt. Daß einmal diese Welt heil wird, daß einmal die Kriege aufhören, der Hunger erlischt, der Durst versiegt, der Neid ein Ende hat. Die meisten von uns kennen noch jene wunderbaren Texte aus dem Alten Testament, wo in glühenden Farben das Reich Gottes geschildert wird, jenes Reich, das endlich dann anbricht, wenn Gott auf dieser Welt König sein wird. Dieses Reich ist es, von dem Jesus gesagt hat, daß es nahe sei. Die meisten werden sagen: wir kennen diese Hoffnung wohl, wir können nicht mehr daran glauben. Wir können nicht daran glauben, daß es einmal eine neue Erde und einen neuen Himmel geben wird. Es wird so weitergehen mit dieser Welt, bis sie sich selbst vernichtet. Wir sind zu skeptisch, wir können diese Hoffnung nicht mehr hegen.

Wer so spricht, verrät damit ja, daß die Hoffnung nach einer Welt, die heil ist, in der es kein Unrecht gibt, in der kein Unheil mehr Fuß greifen kann, in ihm wohnt. Und diese Hoffnung, diese winzige, stumme, kleine, verzweifelte Hoffnung genügt, daß wir mit unseren Kindern von dieser Hoffnung sprechen können. Auch hier können wir es wieder tun in jenen Bildern, die unsere Kinder lieben, die auch die Heilige Schrift wiederholt gebraucht und die von einer solchen dichterischen Fülle sind, daß wir uns immer wieder freuen, diese Worte der Verheißung zu hören: „Die Wölfe werden bei den Lämmern wohnen und die Parder bei den Böcken liegen. Ein kleiner Knabe wird Kälber und junge Löwen und Mastvieh miteinander treiben. Kühe und Bären werden auf der Weide gehen, daß ihre Jungen beieinanderliegen, und Löwen werden Stroh fressen wie die Ochsen. Und ein Säugling wird seine Lust haben am Loch der Otter. Und ein Entwöhnter wird seine Hand stecken in die Höhle des Basilisken. Man wird nirgend Schaden tun noch Verderben auf meinem ganzen heiligen Berge; denn das Land ist voll Erkenntnis des Herrn, wie Wasser das Meer bedeckt" (Jes. 11, 6–9).

Eine solche Geschichte können wir natürlich unserem Kind nicht aus heiterem Himmel erzählen. Sie ist erst dann angebracht, wenn unser Kind einmal bedauert hat, daß es nicht mit dem Nachbarshund herumtollen durfte. Der Nachbarshund ist gefährlich, er springt den Kindern an die Gurgel. Nein, mit dem Nachbarshund darf es nicht spielen. Das Kind möchte mit diesem Hund spielen, es möchte ihn liebhaben. Wir können diese Geschichte nur dann erzählen, wenn sie schon der Erfahrung des heute gefährlich. Alles wird sich ändern

Kindes gemäß ist. Wenn es bei den Eisbären im Zoo gestanden hat und die hohe Brüstung gesehen, über die es kaum mit seiner Nasenspitze hinauslangen konnte, und es gefragt hat, warum es nicht zu den Eisbären ins Wasser klettern kann, wenn ihm dann die Mutter gesagt hat: „Weil die Eisbären jeden Menschen zerreißen, der in ihre Nähe kommt", dann hat das Kind die Erfahrung gemacht, die zum Verständnis dieser Verse notwendig ist. Die Schöpfung ist unheil, es möchte liebhaben, und seine Liebe wird von der Schöpfung, von den Tieren nicht erwidert. Wir warnen es vor der Schlange, wir warnen es vor der Spinne, wir warnen es vor dem Nachbarshund, wir warnen es vor dem Wolf im Märchen, wir warnen es vor dem Löwen hinter Käfiggittern. Und doch fühlt sich das Kind auf unerkärliche Weise zu diesen Tieren hingedrängt, es fühlt sich ihnen verwandt, es fühlt sich ihnen verschwistert und möchte sie liebhaben. Es möchte mit ihnen umgehen dürfen, und es will nicht glauben, daß ihm Gefahr aus diesen Tieren erwachsen kann. Es erfährt nur zu bald, daß die Bienen stechen, daß die Vögel sich nicht fangen lassen und daß der Nachbarshund gefährlich ist. Aber es ist mit dieser Welt nicht zufrieden, es gibt sich mit dieser Welt nicht zufrieden. Es begehrt gegen diesen Zustand auf. Dieses Aufbegehren haben wir Erwachsenen längst verlernt, wir haben uns daran gewöhnt, wir haben uns damit zurechtgefunden, wir haben resigniert. Aber wenn wir wach sind, können wir in uns selbst noch die Auflehnung dagegen verspüren und das Verlangen, daß es doch anders sein möchte, daß die Welt heil sein möchte und daß der Unfriede in Frieden gewandelt werden möchte.

Zu der Erzählung über die neue Erde und den neuen Himmel gehört aber sicher noch hinzu, daß Gott uns dann ganz nahe sein wird. Wie heißt die Verheißung? „Und er wird bei ihnen wohnen, und sie werden sein Volk sein." Auch diese Erzählung ist nur dann möglich, wenn unser Kind einmal die Erfahrung eines Abschieds und eines Fernseins gemacht hat und zugleich auch, wenn in unserem Kind das Verlangen ist, diesem Gott, von dem es so viel hört und dem es in so vielen Weisen begegnet, wirklich einmal zu begegnen, ihm nahe zu sein, einmal von ihm in die Arme genommen zu werden.

Stellen wir uns vor, der Großvater, der viele hundert Kilometer entfernt wohnt, war zu Besuch. Das kleine Mädchen hat die acht Tage dieses seltenen und kostbaren Besuches genossen. Es hat sich bei dem Großvater wohl gefühlt, der viel mehr Zeit für es hatte als der Vater, der zur Arbeit geht, und als die Mutter, die für die anderen Geschwister und für die große Wohnung mitzusorgen hat. Der Großvater hatte Zeit, er hatte Geduld, er wußte Märchen, er wußte Späße, er wußte Reime, er wußte Spiele. Er war einfach da. Und nun wird der Großvater feierlich von der Kinderschar wieder zum Bahnhof gebracht. Er steigt ein, er beugt sich noch einmal aus dem Fenster heraus, er winkt, und dann ist er verschwunden. Wohl können die Kinder mit ihm telefonieren, aber das ist selten und kurz genug. Sie können nicht mehr auf seinem Schoß sitzen, sie werden nicht mehr von ihm gestreichelt, sie hören nicht mehr seine freundlichen Worte, sie spüren nicht mehr seine Anteilnahme. Die Kinder sind traurig und vergießen manche Träne über den Abschied von dem Großvater. Sie wissen, er will in einem halben Jahr wiederkommen, aber ein halbes Jahr ist für die Kinder eine halbe Ewigkeit. Sie meinen, sie wären nur glücklich, wenn er ganz bei ihnen wäre.

Vielleicht ergibt sich irgendwann bei einem Sonntagmorgenfrühstück ein Gespräch über den Großvater. Wie schön es wäre, wenn er immer bei ihnen sein wollte. Wie schön es wäre, wenn sie ihn gar nicht entbehren müßten. Und vielleicht sagt dann der Vater: „Mir ist etwas sehr Wichtiges eingefallen: wir entbehren jetzt den Großvater und möchten, daß er immer bei uns ist. Wißt ihr, daß viele Menschen die gleiche Hoffnung haben, die gleiche Sehnsucht und die gleiche Erwartung wie wir. Aber sie meinen nicht den Großvater, sie meinen einen anderen damit, ihr wißt doch, Gott hat versprochen, daß er eines Tages auf diese Welt kommen werde. Die Heilige Schrift sagt, er wird in der Stadt Jerusalem wohnen, und sein Licht wird Tag und Nacht leuchten. Wie das einmal werden wird, das wissen wir nicht. Ob es einmal so sein wird, daß wir nur um die Ecke herumgehen müssen, um zu ihm zu kommen und mit ihm zu sprechen, das wissen wir nicht. Wir wissen nur eines, daß er versprochen hat, einmal bei uns zu wohnen und bei uns zu bleiben, uns ganz nahe zu sein. Und wenn ihr jetzt den Großvater schon so entbehrt, könnt ihr euch vorstellen, wie alle Menschen Gott entbehren und darauf hoffen, daß er endlich kommt und sein Versprechen wahrmacht."

Die Erschaffung der Welt und die Hoffnung auf die neue Erde sind die beiden zentralen Erzählungen, die unsere Kinder aus der Heiligen Schrift ganz besonders interessieren. Aber so, wie unsere Kinder sie hören müßten, stehen sie nicht in der Heiligen Schrift.

Unsere Kinder müssen sie so hören, wie es ihrem Verständnis entspricht. So wie es aus ihrer Alltagserfahrung herauskommt. Wirkliche religiöse Hoffnung läßt sich nur dann mit ihnen verknüpfen, wenn sie auf ihren Erfahrungen fußt. Wir Eltern aber brauchen nicht zu befürchten, daß ein großes Wissen dazu notwendig sei, um in unseren Kindern Religiöses zu wecken. Es ist auch kein Glaube dazu notwendig, der Berge versetzen kann. Wer von uns hat ihn schon in dieser Zeit der Zweifel und Schwierigkeiten? Es ist nur dazu notwendig das Vertrauen darauf, daß es doch so sein möge, daß diese Welt Gott zugehörig ist von Anfang bis zu ihrer Neuerschaffung im neuen Himmel und in der neuen Erde. Diese Gespräche müssen nicht mit unseren Vier- bis Sechsjährigen geführt werden. Aber Eltern, in denen dieses Vertrauen liegt, die können gar nicht anders, sie müssen davon sprechen, weil ihnen das Herz von dieser Hoffnung und von dieser Erwartung voll ist.

Dem Verständnis unseres Kindes entsprechend wandelt sich auch die Erzählung von Jesu Geburt. Für unsere Kinder von 4 bis 6 Jahren bleibt sie weiterhin bedeutsam. Sie hören nämlich meist zuerst durch die Weihnachtserzählung von jenem Menschen, der für ihr Leben einmal bestimmend werden soll, von Jesus. Wir können einem Kind nicht den Text der Heiligen Schrift erzählen, so wie er in dem Buch aufgeschrieben ist. Zwar verlangen die Religionspädagogen, daß wir uns möglichst an den Wortlaut der Heiligen Schrift halten sollten, aber ich glaube nicht, daß diese Forderung für das Kind im Alter von 3, 4 oder 5 Jahren zutreffend sein kann. Ein Kind, das in völliger Abgeschiedenheit aufgewachsen ist, nie ein anderes Baby gesehen hat, nie Umgang mit einem anderen Kind gepflogen hat, ist nicht in der Lage, die Erzählung von der Geburt Jesu zu verstehen.

Auch hier also wieder müssen wir an das Erleben und an die Erfahrung unseres Kindes anknüpfen. Am besten vergessen wir – wenn wir dem Kind erzählen wollen – alle unsere Theologie, alles das, was wir in der Predigt gehört haben über Gottessohnschaft, über Jungfrauengeburt, über Menschwerdung oder darüber, wie es bei Johannes heißt, daß das Wort Fleisch geworden ist. Erzählen wir dem Kind, daß da ein Kleines zur Welt gekommen ist, das Gott auf eine unbegreifliche Weise liebgehabt hat. So lieb, daß er seiner Mutter vorher einen Boten sandte, um ihr zu sagen, was er mit diesem Kind vorhat. Dieses Kind sollte der Held seines Volkes und König werden. Und wie kam dieses Kind auf die Welt? In elenden, einfachen, ärmlichsten Verhältnissen, irgendwo in der Ecke eines Stalles, nicht in einer guten Klinik, nicht in einem warmen Bett. Aber es hatte eine Mutter, die sich seiner gut annahm, und einen Vater, der gut für es sorgte. Und obwohl alles so voller Armut und voller Bescheidenheit war, gab es doch ein paar Menschen, die sich mit Maria und Josef gefreut haben. Sie kamen und nahmen Anteil an dem Ereignis. Es gab überhaupt manches Bedenkenswerte bei dieser Geburt. Die Heilige Schrift spricht von Engeln, sie spricht von einem wundersamen Stern, aber all das ist nicht wichtig. Es muß auch unserem Kind gegenüber nicht erwähnt werden. Wichtig ist, daß es eine Ahnung davon bekommt, wer dieses liebenswerte Neugeborene in der Krippe ist, daß es zu einem Mann werden wird, auf den viele Menschen ihre Hoffnung gesetzt haben. Und daß von diesem Mann gesagt wird, er sei der Heilbringer für sein Volk, und nicht nur für sein Volk, sondern für die ganze Welt. Und daß das Heil auch unseres Kindes und unserer Familie mit diesem Jesus verbunden ist.

Machen wir diese Erzählung nicht sentimental. Aber wir dürfen sie so erzählen, daß unser Kind sie verstehen kann. Unser Kind möchte wissen, wie es gewesen ist, wie der Stall ausgesehen haben mag, wie die Krippe, wie das Stroh zubereitet wurde, damit es das Kind nicht stechen sollte. Es will wissen, ob das Kind geweint hat oder ob es sich benommen hat wie alle anderen Kinder. Es will wissen, ob es von Maria gestillt wurde, und es will wissen, was Josef dazu getan hat. Die Religionspädagogen mögen sagen, was sie wollen. Wenn sie wirklich wollen, daß der Glaube des Kindes in seinem Herzen fest verankert wird, dann geht es nicht anders an, als daß das Kind sich bildhaft vorstellt, wie es damals gewesen ist. Für das Kind ist die Streitfrage, ob es sich um eine Höhle, um einen Stall, um eine Karawanserei handelt, nicht von Bedeutung, es muß nur wissen, daß dieses Kind Jesus wirklich auf diese Welt gekommen ist, und es kann sich das nicht anders vorstellen, als daß es sich vorstellt, was es im Alltag sieht. Es braucht sich später nicht an diese Bilder festzuklammern, aber sein Herz ist offen geworden, weil es Vertrautem begegnet ist, Situationen, die es liebhatte und die ihm bekannt waren. Dieser Jesus wird nicht außerhalb seiner Welt bleiben, sondern wird ihm vertraut werden von Jahr zu Jahr mehr.

Diese drei Texte sind also, teils von ihrem theologischen Gehalt aus, teils aus der Sicht des Kindes gesehen, besonders wichtig, um die religiöse Erfahrung des Kindes zu vertiefen. Diese Erzählungen wären also die ersten Erzählungen, die wir unserem kleinen Kind anbieten, sagen wir – etwa im Alter zwischen zwei und vier Jahren. Wie die Eltern das im einzelnen handhaben, mag sehr verschieden sein. Ein Kind, mit dem sich die Eltern viel unterhalten, dem sich die Eltern oft im Gespräch zuwenden, versteht solche Erzählungen durchaus schon im Alter von drei Jahren und möchte sie immer wiederholt wissen. Vor allem zu den Festtagen möchte es von neuem bestätigt bekommen, daß die Welt ihren Ursprung in Gott hat und wieder auf ihn hin zugeht. Und daß Jesus von Gott auserwählt wurde, um einmal Heil und Glück auf die Welt zu bringen.

Diese drei Texte sind sozusagen der Grundstock, auf dem das andere aufbaut. Was sollen wir nun unseren Vier-, Fünf- oder Sechsjährigen erzählen, welche Berichte sollen wir aus der Fülle der Heiligen Schrift herausgreifen? Auch hier gilt wieder folgende Überlegung: wir können unseren Kindern nur das nahebringen, was uns selbst am Herzen liegt. Wir können unseren Kindern nicht aus der Heiligen Schrift erzählen, weil wir glauben, es sei vom religionspädagogischen Standpunkt aus richtig, es zu tun. Wir können nur dann erzählen, wenn es uns treibt, wenn unser Herz voll ist davon. Es gibt heute Theologen und Religionspädagogen, die meinen, es sei besser, dem Kind nichts aus der Heiligen Schrift zu erzählen, weil man die Erzählung entstellen könnte und ihres innersten und letzten Sinnes berauben könnte.

Wir Eltern sollten uns nicht bange machen vor den übertriebenen Forderungen, die heute die Theologie an uns stellt. Erzählen wir das, was uns selbst gefällt, erzählen wir das, was wir mögen, was wir liebhaben. Mag es die Geschichte von der Arche Noah sein oder die Geschichte vom Turmbau zu Babel, oder das Märchen vom Jonas, oder die Josefsgeschichten, oder die Geschichte der Erwählung Davids, oder sein Kampf mit Goliath, mag es die Geschichte vom Esel Bileam sein, mag es das Leben des Elias sein oder das Leben eines anderen Propheten, die auf irgendeine Weise einmal den Eltern nahegerückt ist. Alles das kündet auf seine Weise von Gott.

Für die Eltern ist nicht die Frage, was ist absolut das wichtigste, sondern was ist für mich das wichtigste, was ist mir am nächsten, was kann ich am besten erzählen. Die gleichen Überlegungen gelten dem Neuen Testament, gelten den Berichten von Jesus. Im allgemeinen würde man sagen, sollte man nicht ausschließlich Wundergeschichten berichten, um nicht Jesus allzusehr in die Nähe eines märchenhaften Zaubermeisters zu stellen. Was das Kind in der schlichten Erzählung von Jesu Geburt gehört hat, soll sich weiterentfalten können. Es soll Erfahrung machen über diesen Menschen, der auf eine unbeschreibliche Weise Gott so liebte, daß er ihn Vater zu nennen wagte und der zugleich zu vielen Menschen gut war. Der für die Armen ein Herz hatte, der den Kranken half und der die, die Unrecht taten, nicht herabsetzte, sondern ihnen ein gutes Wort gab und sie ermahnte. Und der zugleich voller Zorn über jene sein konnte, die überheblich waren und mißgünstig und die glaubten, bessere Gläubige zu sein und ein tieferes Verständnis der Heiligen Schrift zu haben als das übrige Volk. Alle Szenen der Heiligen Schrift, die Jesus so menschlich zeigen, wie er immer wieder durch alle Geschichten durchschimmert, sind für die Kinder besonders geeignet. Da wäre einmal die Kindersegnung zu nennen, die wunderbare Geschichte von Zachäus, wo Jesus Einkehr hält bei einem Menschen, der zu den verachtetsten in Israel gehörte. Wir könnten aber auch von der Tempelreinigung erzählen, wo Jesus in wildem Eifer Menschen aus dem Tempel trieb, die eigentlich nichts Böses im Schilde führten, die nur das taten, was der Gottesdienst in der damaligen Zeit vorschrieb. Oder die Aussätzigenheilung, wo Jesus den Dank des *einen,* der umkehrt, entgegennimmt. Ebenso geeignet sind die Erzählungen über Bartimäus und über den Lahmen und über den barmherzigen Samariter. Die Kinder sollen bei diesen Erzählungen aufhorchen können, sie sollen hellhörig werden über diesen Mann aus Israel, der für die ganze Welt eine einzigartige Bedeutung bekommen hat. Aber nicht nur für die ganze Welt, sondern auch gerade für dieses Kind, das da seinen Erzählungen lauscht. Es soll sich wundern über seinen Zorn, es soll sich wundern über seine Freude, und es soll staunen über seine Kraft zu helfen.

Im allgemeinen würde man sagen, ist es für unsere drei-, vier- und fünfjährigen Kinder nicht notwendig, etwas über den Kreuzestod oder gar über die Geißelung zu erfahren. Mag dieses Ereignis zusammen mit der Auferweckung Jesu auch theologisch das zentrale Ereignis im Leben dieses Menschen gewesen sein, so ist es doch für eine Kinderseele dermaßen belastend und bedrückend, daß wir glauben, auf gar keinen Fall das Schwergewicht unserer Erzählung auf die Leidensgeschichte legen zu dürfen. Im allgemeinen überhaupt würden wir sagen, die grausamen und erschreckenden Szenen im Alten wie auch im Neuen Testament sollten wir unbedingt bei diesen kleinen Kindern auslassen. Das Kind fragt noch nicht systematisch, es fragt noch nicht, wie ist es weitergegangen, was ist aus diesem Jesus geworden, warum sprechen wir heute noch von ihm. Es nimmt zunächst einfach einmal alles entgegen, was es von ihm hört, Steinchen für Steinchen setzt es in seinem Herzen zusammen, und allmählich wächst das Bild von Jesus, das – wie wir hoffen – auch dem Erwachsenen noch zu eigen bleiben kann, weil dieses Bild in ursprünglicher und echter Weise ihm zugekommen ist. Und auch diesmal geht es wieder darum, wichtig ist, daß Jesus lebt. Das Wichtige ist nicht das Wie, wie das geschehen ist, wie er heute – nach 2000 Jahren – noch leben kann. Wichtig ist, daß für das Kind erfahrbar und glaubbar wird, dieser Jesus, der vor nahezu 2000 Jahren geboren wurde, ist heute noch nahe, und wir warten darauf, daß er wiederkommt.

Viele Eltern aber werden sich schwer tun, frei dem Kind aus der Heiligen Schrift zu erzählen. Viele Eltern haben nie jene Erfahrung mit der Heiligen Schrift gemacht, daß ihnen einzelne Kapitel daraus so ans Herz gewachsen sind, daß sie gar nicht anders können als sie wiederzuerzählen. Und doch haben viele von diesen Eltern den Wunsch, dem Kind etwas aus dem Buch der Bücher nahezubringen. Vielleicht haben sie auch den heimlichen Wunsch, selbst wieder etwas darüber zu hören. Früher gab es die Hausbibel, die in großen farbigen Bildern theatralisch und sentimental die Geschichten des Alten und des Neuen Testamentes kommentierte. Früher gab es Familien, in denen täglich aus dieser Heiligen Schrift vorgelesen wurde. Heute sind diese Hausbibeln rar geworden. Dafür haben wir aber etwas, was unseren Kindern auf ganz besondere Weise gemäß ist. Das sind die Kinderbibeln, die in ansprechenden Illustrationen Bilder zu Szenen aus dem Alten und dem Neuen Testament bieten. Kinder wollen schauen, was sie hören. Sie lieben es, Bilder dabei zu beschauen. Ganz besonders glücklich sind jene Darstellungen, die sich auf einzelne Kapitel aus der Heiligen Schrift beziehen. Wir nennen diese Bücher die Bibel-Bilderbücher, weil sie ein einziges Kapitel aus der Heiligen Schrift illustrieren und in kindgemäßer und verständlicher Weise wiedererzählen. Viele Verlage haben solche Reihen herausgebracht, in unterschiedlicher Qualität, was Bilder und Text betrifft. Neben diesen Kinderbibeln und den Bibel-Bilderbüchern gibt es noch große Wandfriese mit guten Texten, die die Kinder an die Wand hängen können. Da gibt es einen Wandfries von der Erschaffung der Welt, da gibt es einen Fries von der Kindersegnung, und da gibt es einen Wandfries von dem Töchterchen des Jairus. Wie gut tut es unserem Kind, sich in der Reihe jener Kinder wiederzufinden, die da auf Jesus zuströmen und ihm nahe sind. Da gibt es Kinder mit Zöpfen und Kinder mit Sommersprossen und Kinder mit Brille, schöne Kinder und häßliche Kinder, aber Jesus hat sie alle lieb, das sieht man. Über das Bild verstärkt sich die Erfahrung, die das Wort dem Kind vermittelt, Jesus hat alle Kinder lieb. Die Geschichte von dem Töchterchen des Jairus, jenem kleinen Mädchen, dessen Tod die Familie bitterlich beweint, dessen endgültiges Sterben Jesus abwendet, ist eines der tröstlichsten, das man einem kranken Kind nahebringen kann. Jesus ist auch bei denen, die krank sind und die sterben. Auch ein krankes Kind ist nicht von ihm verlassen. Es ist selbstverständlich, daß für ein gelähmtes Kind ganz besonders die Geschichte von der Heilung des gelähmten Mannes von Trost ist. Jesus geht eben nicht an der Not der Menschen vorbei, wie das das Kind so oftmals bei anderen Menschen erlebt. Jesus nimmt Anteil und hilft dort, wo er helfen kann.

Zur Überraschung von den meisten Eltern wollen wir aber ganz besonders noch eine Erfahrung den Kindern vermitteln, für die seltsamerweise die Kinder in besonderer Weise aufgeschlossen sind, obwohl sie das Schwierigste zu sein scheint, was die Heilige Schrift enthält, ich meine: die Visionen von Gott. Das Kind ist in seiner Vorstellungskraft viel weniger durch Gedanken getrübt als wir Erwachsenen. Für das Kind leuchten Texte aus der Heiligen Schrift oft unmittelbar auf, wo wir Erwachsenen uns mit dem Verständnis schwer tun. Wenn wir folgenden Text hören, tun wir uns schwer mit ihm, das Kind aber sieht, was dort gesprochen wird: „Gott sprach hierauf zu Moses: steigt hinauf zum Herrn. Dann stiegen Moses, Aron, Nadab, Abihu und die 70 Ältesten Israels hinauf. Sie schauten den Gott Israels. Unter seinen Füßen war es wie Saphirplatten und wie der Himmel in seiner strahlenden Reinheit.“ Für das Kind ist diese Vorstellung selbstverständlich. Ein König ist von Glanz umgeben. Worüber die Auserwählten aus dem Volke Israels staunten und sich wunderten, für das Kind ist es natürlich. Gott und Glanz und Strahlen, das ist für das Kind dasselbe.

Solche Texte sind natürlich nicht nur zum Erzählen, sie sind zum Bedenken da. Und Kinder können ja auf überraschende Weise nachdenklich sein.

Ganz besonders deutlich aber wird dieses Element des unbeschreibbar Göttlichen in einer Situation und in einer Erzählung, die uns allen vertraut ist und die gerade unserem Kind sehr nahe ist: die Erzählung von Moses und dem Dornbusch. Hören wir diese Geschichte, wie wir sie unseren Kindern erzählen können: „Einmal lebte in Ägypten ein Mann, der hieß Moses. Moses war ein Fremder in Ägypten, und auch sein Volk, dem er angehörte, war fremd dort. Es war vor langer Zeit nach Ägypten gezogen, weil es durch eine Hungersnot von daheim vertrieben worden war. Nun lebte dieses Volk bei den Ägyptern und mußte harte Arbeit tun. Gott kannte diesen Moses und hatte ihn lieb. Sein Volk war arm, Gott liebte auch das Volk. Er liebte es ganz besonders, und er wollte, daß es ihm gut ginge und es nicht arm wäre. Er wollte, daß die Kinder keinen Hunger mehr leiden sollten und daß die Eltern nicht arbeiten mußten, daß es über ihre Kraft ging. Eines Tages geschah es. Moses hütete die Schafe, so hatte er sie jeden Tag gehütet. Da sah Moses ein Feuer, und er wunderte sich, denn das Feuer brannte in einem Dornbusch.

Aber der Dornbusch verbrannte nicht. Da ging Moses hin und wollte schauen, warum der Busch brannte, aber nicht von dem Feuer zerstört wurde. Und Moses trat näher. Aber Gott rief aus dem Busch: Moses, tritt nicht näher, denn der Ort, wo du stehst, er ist heiliges Land. Moses erschrak und fürchtete sich, und er ging nicht weiter. Gott aber sprach zu ihm: Moses, ich bin der Gott deiner Väter. Ich habe das Elend meines Volkes gesehen. Führe du mein Volk aus Ägypten, ich will es erretten aus seiner Not. Da verbarg Moses seine Augen, denn er fürchtete sich, Gott anzuschauen. Gott aber sprach abermals zu Moses: Ich bin da. Und er sagte nochmals: sage deinem Volk, ich bin da. Das ist mein Name. So sollt ihr an mich denken allezeit. Sage deinem Volk, ich, der Herr, der Gott eurer Väter, will euch aus Ägypten führen, und ich will euch ein Land geben, darin ihr keine Not zu haben braucht."

In dieser Erzählung geschieht nicht viel. Es geschieht ein Wundern und ein Staunen, und Gott spricht und Gott verspricht, daß er dasein wird. Das ist keine Abenteurergeschichte, wie unsere Kleinen sie lieben. Und doch horcht unser Kind auch bei einer solchen Geschichte auf. Es versteht unmittelbar die Bedeutung, daß Gott versichert, er wird dasein. Und er tut das auf eine Weise, über die das Kind mit Moses in Staunen und Verwunderung und Furcht gerät. Da ist ein Dornbusch, der brennt, aber nicht verbrennt. Dieses „ich bin da" ist für ein Kind von jeher das tröstlichste Wort, das es kennt. Wenn es klein ist und weint und sich fürchtet in der Nacht und sein Vater es auf den Arm nimmt, dann sagt der Vater ihm: „Komm, du brauchst doch keine Angst zu haben, ich bin doch da, ich bin doch bei dir." Und genau das ist es, was Gott in dieser Erzählung verspricht. Er wird dasein. Nicht nur mit Moses, nicht nur mit seinem Volk, sondern auch mit diesem Kind und seinen Eltern.

Solche bedenkenswerten Erzählungen, die das Herz des Kindes erreichen, können noch auf eine Weise vertieft werden, wie sie dem Kind sehr gemäß ist. Wir können das Kind auffordern zu malen. Ganz allgemein, nicht irgendwie bestimmt. Wir brauchen nicht zu sagen: jetzt mal einmal, wie Moses vor den Dornbusch hingetreten ist oder wie Gott im Dornbusch erschienen ist. Nein, wir lassen es viel offener und weiter. Wir können sagen: jetzt mal einmal, was dir bei der Erzählung dazu eingefallen ist. Durch das Malen vertieft sich das Kind immer wieder in die Gedanken der Erzählung. Es denkt darüber nach, indem es mit den Händen und mit den Augen beschäftigt ist. Sein Ohr lauscht weiterhin unserer Erzählung. Durch das Malen verinnerlicht das Kind die Erzählung. Es macht sie sich zu eigen.

Wir Eltern brauchten nicht so ängstlich zu sein, irgend etwas falsch zu machen. Weder in der geschlechtlichen Aufklärung noch in der religiösen Erziehung. Wir dürfen ruhig darauf vertrauen, daß das, was aus unserem Herzen kommt, von dem Kind so verstanden ist, wie es gemeint wurde. Und daß es für das Kind entscheidender ist, unsere Begeisterung, unser Vertrauen und unsere Betroffenheit zu erleben, als daß es bis ins letzte korrekt und theologisch einwandfrei unterwiesen würde. Das Angerührtsein des Herzens muß der theologischen Unterweisung unbedingt vorausgehen. Das aber ist die Aufgabe von uns Eltern.

# Das Gutsein und die Sünde

Wir sind längst von dem Erziehungsziel eines braven Kindes abgekommen. Ein rechtes Kind kann nicht ununterbrochen brav sein, d.h., seinen Teller leer essen, seine Finger sauberhalten, nicht laut sein, nicht zanken, nicht naschen, seinen Anzug nicht zerreißen, den Katzen nicht nachjagen. Bravsein, das widerspricht dem Wesen unseres Kindes. Unser Kind muß nämlich laut sein, muß mit Dreck umgehen, muß die Katzen necken, und wenn es keine Lust hat, seinen Teller leer zu essen, können wir es ihm auch nicht verdenken. Nein, brav sein kann unser Kind nicht ununterbrochen. Das gelingt nur hie und da.

Wir Eltern machen aber meist noch einen anderen Fehler: wir verwechseln Bravsein mit Gutsein und meinen, nicht brav – das hieße eine Sünde tun. Was hat denn nun ein zerrissener Rock mit dem lieben Gott zu schaffen oder schmutzige Stiefel oder ein lautes Siegesgeschrei? Nichts, gar nichts, überhaupt nichts.

Vielleicht gelingt es uns mit Mühe und Not zu begreifen, daß Ausdrücke kindlicher Lebenslust und altersgemäßer Entwicklung keinen Ansatz zur Sünde bieten. Aber insgeheim sind die meisten Eltern doch der Meinung, daß ihr Kind allmählich in das Alter hineinkommt, wo es sündigen kann. Und eine Sünde muß man meiden. Jetzt besteht die Gefahr, daß der entwicklungsnotwendige Streit unter den Geschwistern als Sünde betrachtet wird. Der so verständliche Neid auf eine augenblickliche Bevorzugung eines von ihnen gilt fast schon als unverzeihlich, ein Ungehorsam oder gar ein Aufbegehren gegen die Eltern wird als Auflehnung gegen die von Gott gewollte Autorität gesehen. Aber wenn wir alle diese Vorfälle mit den Augen des Kindes betrachten, sind sie das verständlichste Verhalten der Welt.

Nun werden die meisten Eltern besorgt fragen: aber Neid darf doch nicht sein. *Zanken* verstößt gegen die christliche Nächstenliebe, und gegen Ungehorsam müssen wir mit Energie vorgehen, das untergräbt die elterliche Autorität. Hier beginnt doch Sünde, vielleicht noch nicht in ihrem vollen Ausmaß, aber doch in Vorstufen.

So allgemein können wir die Frage nach der Kindersünde nicht lösen. Wir müssen uns Beispiele anschauen, um erkennen zu können, wie viel oder wie wenig hier von Sünde die Rede sein kann.

Anton ist der Jüngste von vier Geschwistern. Seine drei Schwestern sind ihm haushoch überlegen, vor allem an Wortgewandtheit und spitzer Zunge. Er fühlt sich von ihnen ununterbrochen seckiert. Was bleibt ihm anders übrig, als mit den Fäusten auf sie loszugehen und mannhaft um sein Recht zu streiten? Das ist seine Weise, sich Recht zu verschaffen. Unrecht während vieler Jahre durch drei naseweise Schwestern zu dulden ist keine christliche Forderung. Im Gegenteil: der Junge muß lernen, sich auch gegen seine Schwestern zu behaupten. Daß er mit seinen vier oder fünf Jahren noch kein Gefühl für Maß und Angemessenheit hat, können wir ihm nicht übelnehmen. Er ist ja selbst erschrocken über das Wehgeschrei seiner älteren Schwester, und beim Anblick der erheblichen Schwellung und Rötung auf ihrer Backe beschleicht ihn ein ungutes Gefühl.

Eine Sünde hat er nicht getan, unser streitbarer Kämpfer für seine Mannesehre. Es geht also nicht an, daß er Gott beim Abendgebet für dieses Vergehen um Verzeihung bittet. Auch in der Gewissenserforschung, die übereifrige Eltern mit ihren Kindern leider immer noch abhalten, hat dieses Ereignis nichts zu suchen. Und trotzdem hat es etwas mit Gott zu tun. Das Ziel der Überlegung mit Gott ist: es sollte anders sein. Hilf du, daß es anders wird. Das könnte etwa im Gebet folgendermaßen lauten: „Guter Gott. Unsere großen Kinder haben lose Zungen. Es sind Mädchen, und sie machen sich gern über ihren Bruder lustig. Sie haben ihn aber doch lieb. Auch Anton hat seine Schwestern lieb. Aber er will sich ihren Spott nicht gefallen lassen. Er hat sich auf seine Weise zur Wehr gesetzt. Und nun hat unsere Hilde ein mächtig blaues Auge. Wir bitten dich, hilf du unseren Kindern, daß sie sich liebhaben und gegenseitig beistehen. Denn du hast sie alle lieb und willst nicht, daß einem von ihnen Unrecht geschieht. Amen."

Auf diese Weise entsteht in unserem Kind kein falsches Schuldgefühl. Aber es wird Einsicht möglich, daß mit der Zeit andere Formen des geschwisterlichen Umgangs gefunden werden sollten. Auf diese Weise entsteht kein Zorn auf den anderen, weil der eine sich ungerecht gedemütigt fühlt. Sondern er fühlt sich verstanden, er fühlt sich nicht verurteilt. Und doch gewinnt er Freude daran, es einmal mit den Geschwistern auf andere Weise zu versuchen.

Wie steht es mit dem *Ungehorsam?* Es wäre eine leichte Sache, wenn wir Eltern nur einen Laut zu äußern brauchten, und unsere Kinder würden springen. So angenehm das vielleicht auf eine Weise wäre, so schädlich wäre es auf die Dauer für die Selbständigkeit des Kindes. Das Kind kann nicht immer gehorchen, sonst lernt es nie selbständig zu sein und sich frei zu entscheiden. Wenn es erwachsen werden will, darf es nicht immer gehorchen. Aus diesem Nicht-Können und Nicht-Dürfen können wir nun gewiß keine Sünde konstruieren. Wir müssen erkennen, daß hier eine Lebensnotwendigkeit vorliegt, die wir Eltern respektieren müssen und die wir nicht mit falschen Sündenvorstellungen untergraben dürfen. Wenn es sich anders verhielte, dann wäre das Kinderalter ja die einzigartige Gelegenheit zur Sünde.

Nehmen wir einmal folgenden Fall an: Joachim hat die strenge Anweisung erhalten, auf einem bestimmten Weg von der Schule heimzukehren. Es wird von ihm erwartet, daß er ohne Verzögerung nach Hause eilt. Die Forderung der Eltern ist verständlich, die Verkehrswege sind belebt, sie haben den sichersten Weg für ihren Jungen erkundet, sie haben viel von der Gefahr einer Verführung gehört. Der wollen sie durch konzentriertes Tempo vorbeugen. Die Forderung der Eltern ist also nicht ungerecht. Es wäre sinnvoll, ihr nachzukommen. Und doch ist es Joachim trotz aller guten Vorsätze nicht möglich, dem Geheiß der Eltern ausnahmslos Folge zu leisten. Er hat immer seine guten Gründe dafür. Nur trauen ihm die Eltern noch nicht zu, daß er die guten Gründe gegen ihre Besorgnis gerecht abwägen kann. Von Joachim aus gesehen, sind aber die Gründe stichhaltig. Einmal ist sein Freund traurig, und er hat ihn ein Stück Wegs begleitet. Einmal schrillte auf der Hauptstraße das Martinshorn. Da mußte unser abenteuerhungriger Joachim schleunigst gucken gehen. Vielleicht gab es eine Gelegenheit zu helfen, mindestens aber daheim etwas Spannendes zu erzählen. Einmal mußte er noch einen Radiergummi kaufen, und ein andermal mußte er eine Prügelei mit der Nachbarklasse siegreich beenden.

Es stehen, wir müssen es zugeben, gerechte Forderungen gegen verständliche Gründe. Strafen wir unseren Jungen jetzt so hart, daß er nicht mehr wagt, seinen eigenen Wünschen ein wenig nachzugeben, so brechen wir seinen Willen und die unbekümmerte Neugier, die ihn so tapfer und unternehmungslustig auf die Welt zutreibt. Nehmen wir aber seinen Ungehorsam kommentarlos hin, dann wecken wir in ihm die Vorstellung, es sei uns mit unserer Sorge um ihn nicht ernst gewesen. Eine Strafe müßte also gemäßigt aussehen, sie sollte gar nicht als Strafe deklariert werden, sondern als Wiedergutmachen der Sorge, die er den Eltern bereitet hat. Sie können etwa so sagen: „Wir verstehen ja, daß du deinen Freunden bei der Prügelei zu Hilfe kommen mußtest. Aber du hast uns wirklich Sorge bereitet. Wir sind zweimal zur Schule gefahren, um nach dir zu fragen. Heute abend wirst du den Abwasch übernehmen, damit die Mutter die Zeit, die sie mit der Suche nach dir vertan hat, wieder einholen kann."

Ganz falsch wäre es aber, den notwendigen Ungehorsam mit dem Verdikt der Sünde zu belegen. Die Angelegenheit mit den Eltern läßt sich regeln, das haben wir gerade gesehen, und zwar auf eine Art und Weise, wie beide Parteien sie akzeptieren können. Aber vor Gott bliebe der Ungehorsam auf überaus belastende Art bestehen. Er geriete zu einem Vergehen, das aus der eigenen Entwicklung entspringt und unvermeidlich und trotzdem überaus verwerflich ist. Nein, wahrhaftig, wir müssen uns davor hüten, aus den Entwicklungsschritten unserer Kinder Sündenerfahrungen vor Gott werden zu lassen. Sonst müßte man ja im Ernst das Bild von Gott haben: „Du läßt den Armen schuldig werden, dann überläßt du ihn der Pein."

Aber auch diese Erfahrung, daß Ungehorsam unvermeidbar ist und trotzdem Gehorsam sein sollte, läßt sich ins Gebet fassen. „Guter Gott, wir haben Sorge um unseren Joachim, denn wir haben ihn von Herzen lieb. Wir verstehen ja, daß er immer wieder einen anderen Weg nehmen möchte. Wir bitten dich, hilf du ihm und uns, damit wir alle den rechten Weg erkennen und einmal gut in deinem Reich ankommen. Der du unser König und Herr bist. Amen."

Ungehorsam und Zanken sind die lästigsten Kinderuntugenden. Anderes beunruhigt aber unter Umständen uns Eltern noch mehr. Vor allem sind wir entsetzt, wenn wir die Kleinen mit dem unschuldigsten Gesicht von der Welt lügen sehen. Wie ist das zu verstehen?

Im Kleinkind- und Vorschulalter hat die *Lüge* einen ganz anderen Stellenwert als einige Jahre später – was nicht heißen soll, ein Zehnjähriger, der eine faustdicke Lüge zustande bringt, sei nun ein ausgemachter Sünder. Unsere Kleinen können nämlich mit Sicherheit noch nicht die Realität von ihren Wünschen unterscheiden. Ihre Wünsche sind oft so stark, daß sie glauben, die Wirklichkeit könne durch sie verändert werden. Sie wünschen, das Ei nicht zerbrochen zu haben. Es darf nicht zerbrochen sein. Also ist es auch nicht zerbrochen. Sehr logisch ist dieser Gedankengang zwar nicht, vor allem nicht für den Verstand eines Erwachsenen. Deswegen hat man den Kindern früher, als man ihre Psyche noch nicht so gut verstand, sehr Unrecht getan, als man gerade die so harmlosen Kinderlügen tragisch nahm. Wie vielen Kleinen ist schon vor der Schule eingeprägt worden: „Lügenhafte Lippen sind dem Herrn ein Greuel." Und trotzdem kamen die Kinder gegen ihre Lügen nicht an, sie erlebten sich zu Unrecht als verworfen. Aber die Macht ihrer Wünsche, mit deren Hilfe sie glaubten, die Welt verändern zu können, war noch stärker.

Heute wissen wir, daß unsere Kinder nicht unmoralisch sind, wenn sie lügen. Eine Strafe gebührt ihnen auf keinen Fall. Je toleranter wir sind, um so eher trauen sich die Kinder, ein Malheur einzugestehen, sie kommen sich dann nicht äußerst verdammenswert vor, sie haben es nicht mehr nötig, ihre Tat vor sich selbst nicht wahrhaben zu wollen. Zur Wirklichkeit und zur Wahrheit findet unser Kind nur, wenn die Wirklichkeit nicht zu grausam ist und wenn die Wahrheit allmählich akzeptabel wird. Also: unsere Besorgnis um die Kinderlügen können wir uns aus dem Kopf schlagen. Mit Gott haben sie gar nichts zu tun. Es besteht auch keine Veranlassung, sie im Gebet aufzugreifen. Sie würden damit ein zu großes Gewicht gewinnen.

Kinder aber, die krankhaft lügen, haben eine falsche Entwicklung genommen. Sie sind für ihre Lügen nicht verantwortlich. Sie brauchen nicht unsere Strafe, sondern unsere Hilfe, um zu einer gesunden Entwicklung hinfinden zu können.

Auch das *Naschen* unserer Kinder macht uns zu schaffen. Am besten beugen wir ihm vor, indem das Kind keine der erstrebten Herrlichkeiten auf eigene Faust erreichen kann. Aber oftmals wird das nicht möglich sein. Sollen wir nun wie ein leibhaftiges Unwetter über den kleinen Honigdieb hereinbrechen und ihm mit elterlicher und himmlischer Ahndung drohen? Nein. Daß Nascherei gelegentlich vorkommt und dem Bedürfnis des Kindes entspricht, ist natürlich. Das Kind, dem alles zugeteilt wird und das kaum selbst wählen kann, hat besonders plötzliche und heftige Bedürfnisse, und es ist nicht falsch, daß es diesen gelegentlich nachgeben kann. Sind die Bedürfnisse aber gar zu hartnäckig und andauernd, dann sollten sich die Eltern nicht fragen, ob ihr Kind haltlos und unbeherrscht ist, sondern ob ihr Kind nicht aus einem bestimmten Grund mit Recht besonders bedürftig sein könnte. Ein solcher Grund wäre etwa eine nicht erkannte Krankheit, wahrscheinlicher aber noch ein Unbefriedigtsein vom Alltag, das Gefühl, leer auszugehen, leer an Liebe, leer an Beschäftigung und leer an Freude. Ein Kind, in dessen Familie für eine Weile Leid und Trauer vorherrschen, wird stärker nach Süßigkeiten verlangen als eines, dessen Familie intakt und ohne besondere Belastung ist. Auch bei der Geburt eines weiteren Geschwisters kann die geringere Zuwendung der Mutter durch Süßigkeitenverzehr ausgeglichen werden. Auf jeden Fall: im Alter vor der Schule ist unser Kind noch nicht in der Lage, ohne sich selbst zu vergewaltigen, auf die Erfüllung eines dringenden Bedürfnisses zu verzichten. Ihm das als Unrecht oder gar Sünde anzurechnen, ist ein Unding.

Betrachten wir doch das Leben unseres Kindes nicht von der Sünde her und von möglicher Verfehlung, sondern von den vielen Malen, wo es freiwillig und spontan gut ist. Genauso wie es in den Augen der Erwachsenen maßlos böse sein kann, ebenso kann es überraschend gut sein. Da teilt ein Vierjähriges mit seinem Bruder das heißgeliebte Ei, das diesem zur Strafe vorenthalten worden war. Da geht ein Zweijähriges auf seine vierjährige Schwester zu, streichelt sie über die Backe und versucht sie zu trösten, weil sie hingefallen ist. Da versucht ein Fünfjähriges die Hose des Bruders zu flicken, die er sich beim verbotenen Zäuneklettern zerrissen hat. Da schenkt ein Dreijähriges spontan seinen Apfel her, weil die Mutter traurig ist. Da bringt das Fünfjährige dem schwerkranken Brüderchen sein eigenes Lieblingsspielzeug, nach dem dieser schon lange begehrt hatte. Da helfen die Geschwister einander, um rascher zum Spielen frei zu sein. Und wer einmal erlebt hat, mit welcher Hingabe und Geduld eine kleine Schwester ihrem durch einen Unglücksfall gelähmten Bruder zur Seite steht, ihn beim Gehen stützt, ihm sein Spielzeug herbeiholt und versucht, mit Freundlichkeit all seinen Launen und Forderungen zu begegnen, der weiß, daß auch kleine Kinder wirklicher Güte fähig sind. Sollen wir nun sagen: „Jetzt hast du aber dem lieben Gott eine Freude gemacht?" Bitte nicht. Das Kind hat spontan aus Mitleid und Solidarität gehandelt. Was es aber ohne lange Überlegung getan hat, soll nicht mit einem falschen Firmenschild etikettiert werden. Wohl dürfen wir annehmen, daß Gott, der an diesem Kind Interesse nimmt, sich seiner Freundlichkeit und Güte freut. Aber die Selbstverständlichkeit des Tuns wird beeinträchtigt durch einen Seitenblick auf den Himmel. Das Tun des Kindes wird verfälscht, wenn wir behaupten, es hätte um Gottes willen gehandelt. Später würde sich das Kind dagegen auflehnen und diese Redeweise für die üblichen verlogenen frommen Sprüche halten, mit denen es übergenug gefüttert worden ist.

Und doch sollten wir dem Kind zu verstehen geben, daß Gott an seiner Freundlichkeit Anteil nimmt. Zwar ist eigentlich für das Kind kein Zweifel daran, daß, wenn die Mutter sich über es freut, auch Gott Freude hat. Aber es schadet doch nichts, wenn dieses Bewußtsein hie und da verbalisiert wird. Das könnte etwa folgendermaßen geschehen: „Großer Gott, du hast uns liebe Kinder gegeben. Wir danken dir dafür. Sie stehen einander bei und lassen den anderen nicht im Stich. Hilf du ihnen, alle Zeit gut zueinander zu sein, weil du sie alle liebhast. Amen."

Genausowenig, wie wir das Kind loben sollten: „Jetzt freut sich aber der liebe Gott", wenn es freiwillig für die Mutter eingekauft hat, sollten wir von dem Kind irgendwelche Leistungen an Verzicht und Opfer verlangen nur um Gottes willen. Zur Askese ein Kind aufzufordern, um willensstark zu werden, Verzicht von ihm zu verlangen, weil Jesus vor 2000 Jahren gestorben ist, ist ein zu abstrakter Vorgang. Mit vier oder fünf Jahren sagt sich zwar das Kind noch nicht, was sich der Pubertierende sagt: „Davon hat Jesus doch wahrhaftig nichts! Das ist doch nur Geschwätz!" Aber es empfindet, daß ihm eine Freude vorenthalten wird, ohne daß es recht einsieht warum. Natürlich können wir ein Kind derart beeinflussen, daß es freiwillig auf lauter gute Dinge um Jesu oder um Gottes willen verzichtet. Aber was ist das für ein Gott, wird sich das Kind bald fragen, der seinen kleinen Verzicht nötig hat und ihn fordert?

Verzicht verlangt das Leben genug, wir müssen unsere Kinder nicht eigens dazu anhalten (wenn wir nur selbst vernünftig leben). Verzichtenlernen muß das Kind. Ein Kind, das nie verzichten gelernt hat – vielleicht weil es so schwer krank war, daß ihm ein Verzicht lebensbedrohlich geworden wäre –, kann sich nicht zur Selbständigkeit entwickeln. Wenn wir Verzicht von ihm verlangen, darf er nicht um des Verzichtes selbst willen, sondern muß aus einem guten Grund geschehen. Auf übermäßiges Essen müssen wir verzichten, weil Gefräßigkeit gesundheitsschädlich ist. Und auf die Mutter muß das Kleine immer wieder verzichten, weil sie auch eigene Wünsche oder noch andere Pflichten außer der Pflege des anspruchsvollen Säuglings hat. Auf die Fortsetzung des abendlichen Spieles mit dem Vater muß der Vierjährige verzichten, weil der Vater zu müde ist. Und auf ein Osterei kann das Fünfjährige verzichten, weil es seinem Freund eine Freude damit machen will.

Das sind die Gelegenheiten, wo *Verzicht* sich übt. Und so beginnt auch christliche Nächstenliebe: eben beim Nächsten, beim Vater, bei der Mutter, beim Freund. Für das Kind darf sie nicht abstrakt werden. Wenn wir Eltern also unserer Pflicht zu helfen mit einem Bankscheck nachkommen, so versteht unser Kind den Vorgang nicht. Es versteht ihn, wenn die Familie überlegt, wie man einem Menschen in Not helfen kann. Das Kind muß hören und sehen, wie das ist, wenn einer Hunger und Durst, wie das ist, wenn einer Schmerzen hat. Und es soll beispielhaft an den Eltern erleben, daß sie an der Not dieser Menschen nicht vorbeigehen. Es genügt nicht, Gott zu bitten, die Not dieser Fremden zu lindern. Auch das Kind muß etwas tun. Alle Hilfe kostet Geld. Geld ist nirgendwo im Übermaß vorhanden. Also muß gespart werden, um helfen zu können. Dazu gibt es viele Möglichkeiten: die ganze Familie stellt dazu Überlegungen an. Man entscheidet sich, eine Woche lang auf den Nachtisch zu verzichten. Das Geld, das dabei erspart wird, wird öffentlich in eine Büchse getan. Die Kinder verabreden, Vaters Auto zu putzen, anstatt es in die Waschanlage zu bringen. Man verzichtet auf Karten für ein Fußballspiel. Man opfert Zeit, um ein Paket zur Post zu bringen. Man wählt zu Weihnachten liebevoll und gemeinsam die Geschenke für eine alte Tante aus. Man denkt an den anderen und tut etwas für ihn. Das soll zur Selbstverständlichkeit werden. Der Verzicht ist gar nicht das Wichtige daran.

Gute Beispiele

Denn wir dürfen diese Anleitung nicht übertreiben: das Kind soll das Recht behalten, sich seines Wohlergehens zu freuen. Es soll auch mit gutem Gewissen einmal von Herzen schlecken und naschen dürfen, einmal unsinnig Geld ausgeben für etwas, das nichts wert ist und an dem sein Herz hängt.

Es soll ein froher Genießer und ein froher Geber werden. Und nicht einer, der nur mit schlechtem Gewissen sich etwas leistet und nur mit Bitterkeit etwas gibt.

Die Kinder sind viel großzügiger als wir Erwachsenen. Das ist verständlich, denn sie kennen noch nicht die Sorge um das Morgen. Helfen wir ihnen, diese Großzügigkeit zu bewahren, unterstützen und ermutigen wir sie, wenn sie gut sind. Über ihre Unvollkommenheiten zu urteilen und über ihre möglichen Sünden nachzudenken, sollten wir ihnen und uns ersparen. Es kommt darauf an, das Gutsein in ihnen zu stärken, und nicht, ihre kleinen Fehler auszumerzen. Die Ungezogenheiten schleifen sich mit der Zeit von selbst ab und haben nichts mit Gott zu tun. Aber das Gutsein hat etwas mit ihm zu tun. Und das sollten wir ihnen möglich machen. Denn Gott hat alle Menschen lieb. Er läßt seine Sonne scheinen über Gerechte und Ungerechte. Er will, daß wir gut sind. Er will, daß keine Not herrscht, und wir Menschen sollen dafür Mitsorge tragen. Das Kind soll gut sein, nicht um dem lieben Gott eine Freude zu machen, sondern um allmählich die Vorstellung zu gewinnen: an seinem Werk mitzuarbeiten, von Gott verpflichtet zu sein. So kann es in ein altersgemäßes Christentum hineinwachsen.

# Kindergebete

Das Gebet hat viele Funktionen: es setzt den Menschen in Bezug zu Gott, es bittet, es dankt, es lobt und preist, es beginnt ein Gespräch mit ihm, es bezieht Gott in den Alltag mit ein. Alle diese Elemente sollten im Kindergebet enthalten sein. Keins davon sollte ausfallen. Das heißt nun nicht, daß jedes Gebet alle diese Elemente enthalten müßte. Das ist kaum möglich. Ein derartiges Gebet würde für ein Kind viel zu vielfältige Akte enthalten. Das Kind braucht vorerst noch einen einzigen Akt, auf den es sich konzentrieren und den es glaubhaft nachvollziehen kann.

Das heißt dann aber, daß es falsch ist, sich über Jahre hinweg auf ein einziges Gebet zu beschränken, weil damit die Fülle der gesamten Gottbegegnung und Gottbezogenheit ausfällt.

Betrachten wir einige der gängigsten Gebete, welchen Anforderungen sie entsprechen.

O Gott, du hast in dieser Nacht
so väterlich für mich gewacht;
ich lob' und preise dich dafür
und dank' für alles Gute dir.

Bewahre mich auch diesen Tag
vor Sünde, Tod und jeder Plag,
und was ich denke, red' und tu',
das segne, bester Vater, du.

Zunächst einmal: dieses Gebet ist gereimt. Es ist also starr formelhaft, hindert die Bezugsetzung zum Einmaligen des Augenblicks, ganz abgesehen davon, daß unsere Kinder damit ins Leiern geraten, unweigerlich, vor allem bei einer derartigen sprachlichen Banalität. Aber: was für Gedanken und Akte enthält dieses Gebet? Es dankt, lobpreist und bittet. Ein bißchen viel auf einmal für so wenige Zeilen. Da kann kein Akt wirklich vollzogen werden. Es bleibt Wortgeschwätz. Dieses Gebet hindert also durch sein Überangebot, daß das Kind nicht nur mit Worten, sondern auch mit dem Herzen dankt.

Wie fröhlich bin ich aufgewacht,
wie hab' ich geschlafen so sanft die Nacht.
Hab Dank im Himmel, du Vater mein,
daß du hast wollen bei mir sein.
Behüte mich auch diesen Tag,
daß mir kein Leid geschehen mag.

Dieses Gebet ist im Tenor etwas anders. Uns moderne Menschen stört erheblich das gezierte „Wie" – „wie fröhlich", „wie sanft". Auch die unmoderne antiquierte Wendung „hast wollen" erweckt Unbehagen. (Wir sollten unseren Kindern nie Gebete zumuten, die wir selbst nicht mehr guten Gewissens sprechen können. An derartigen Gebeten und Reimen entzündet sich der Überdruß gegen alles Unecht-Religiöse.)

Und doch ist dieses Gebet von seiner Intention her betbarer als das erste. Es beschränkt sich auf Dank und Bitte. Auch wird nicht nur *gesagt*, daß das Kind lobt und dankt wie im ersten Gebet, sondern es vollzieht einen wirklichen Dank in einer wesenhaften Feststellung: Gott war bei mir in der Nacht. Er wird mich auch an diesem Tag nicht verlassen. Auch die Beschreibung der wohl durchschlafenen Nacht und die Konstatierung des Aufwachens mit seiner Fröhlichkeit und Unbekümmertheit entspricht dem Erlebnis des Kindes und kann ganz vollzogen werden. In diesen Worten vermag sich das Kind wiederzufinden. Die allgemeinen Redewendungen des ersten Gebets werden hier in konkretem Dank und sich daraus ergebender Bitte ausgesprochen. Natürlich reicht aber ein solches Gebet nicht aus, um das Leben des Kindes für lange Zeit vor Gott auszudrücken. Ganz abgesehen von den erheblichen Bedenken, die wir vor allem wegen des blutleeren Stiles angemeldet haben.

Bevor ich mich zur Ruh begeb',
zu dir, o Gott, mein Herz ich heb'
und sage Dank für jede Gab',
die ich von dir empfangen hab';
und hab' ich heut' mißfallen dir,
so bitt' ich dich, verzeih es mir.

Dieses Gebet ist die genaue Entsprechung zu dem erstgenannten Morgengebet. Auch hier bleibt die Diktion wieder ganz im allgemeinen, dazu noch distanziert durch die floskelhafte Ausdrucksweise „zur Ruh begeb'" statt schlafen gehen (wohl um des Reimes willen?), „mein Herz ich heb'" (was soll sich ein Kind darunter vorstellen?), „jede Gab'" – kann das Kind in diesem Wort die ganzen Erfahrungen des Tages wiederfinden? Nein. Das unvermeidliche Sündenbekenntnis am Abend fehlt leider in kaum einem Kindergebet. Kurzum, es bleibt ein Lippengebet, vor dem wir unsere Kinder unbedingt bewahren sollten.

Das Gegenstück zu dem zweiten Morgengebet lautet:

Lieber Gott, bald schlaf' ich ein,
schick den heilgen Engel dein,
daß er treulich bei mir wacht
in der langen dunklen Nacht.

Schütze alle, die mir lieb,
alles Böse mir vergib.
Kommt der helle Morgenschein,
laß mich wieder fröhlich sein.

Das, was das Kind im Augenblick beschäftigt, wird ausgesprochen, wird ins Gebet hineingenommen. Das Kind macht sich auf die lange dunkle Nacht gefaßt. Jedes Kind empfindet das Dunkel als unvertraut und unheimlich. Vor allem bei Dunkelheit kommt es sich schutzbedürftig vor. Dieser Schutz wird auf Gottes Geheiß gewährt durch den Engel (zu dem Problem der Engel und Heiligen im übernächsten Kapitel). Die Erwähnung der Familie geschieht zu pauschal, ist aber vollziehbar für das Kind. Der Schluß ist zwar eine Spur sentimental, aber dem kindlichen Empfinden entsprechend.

Dieses Gebet ist ein reines Bittgebet, das aber glaubwürdig, wenn auch sprachlich nicht gut ist. Daß unser Vier- bis Siebenjähriges nicht mit Hartnäckigkeit auf seine Untaten hingewiesen werden sollte, haben wir schon wiederholt miteinander überlegt.

Man sieht; es gibt schlechte und weniger schlechte gereimte Kindergebete. Wirklich gute haben wir nirgends finden können. Woher stammt der unbezwingliche Trend, Kinder nur in Reimen mit Gott sprechen zu lassen? Vielleicht traut man ihnen nicht zu, daß sie von sich aus ein Gespräch mit Gott beginnen können. Natürlich, das muß gelernt werden. Die Voraussetzung dazu ist, daß Gott dem Kind erscheint als einer, mit dem in Beziehung zu setzen sich lohnt. An und für sich wäre ein gereimtes Gebet nicht völlig zu verwerfen. Ab und an bedürfen wir der Formeln, um uns selbst zu finden. Auch die ungereimten Gebete gewinnen rasch etwas Formelhaftes, weil man nicht jeden Abend und jeden Morgen eine neue Redewendung finden kann. Gegen gewisse Formeln, die eine echte Form in sich bergen, ist nichts einzuwenden. Nur ermöglicht die Prosaform in so viel selbstverständlicherer Weise als das Reimgebet den unmittelbaren Bezug zum Augenblick.

Ein anderer Vorschlag in Reimen hat manches für sich:

> Guten Morgen, lieber Gott!
> Gib uns heute unser Brot,
> laß uns lachen und nicht weinen,
> lasse deine Sonne scheinen
> bis in unser Herz hinein.
> Laß uns immer bei dir sein.
> *(Rensle/Schöpper)*

Dieses Gebet ist in seinem Ton unmittelbar und vergnügt. Es entspricht dem Kinderübermut. Das unmittelbare „Guten Morgen, lieber Gott!" spricht an. Die Bitte nach dem täglichen Brot ist dagegen unseren Kindern in dieser Verallgemeinerung nicht entsprechend. Das Kind hat morgens Hunger und will etwas zu essen haben. Das kann es Gott mitteilen. Aber Sorge um das Brot braucht es sich – Gott dank – nicht zu machen. Das ist keine Bitte, wie sie ins Morgengebet hineingehört. Die nächsten zwei Zeilen sind kindertümlich und gelungen. Die fünfte Zeile ist überflüssig, eine Wortwendung, deren Bedeutung nur in übertragenem Sinn gebraucht werden kann und nicht dem Kind entspricht. Die letzte Bitte ist falsch. Sie müßte lauten: Gott möge bei dem Kind sein. Denn das Kind rüstet sich ja darauf, diesen Tag mit lauter Abenteuern zu bestehen. Es will nicht zu Gott gehen, sondern es möchte, daß Gott bei ihm bleibt. Schade. In seinem übermütigen Ton wäre es sonst ein recht akzeptables Kindergebet gewesen.

Die Vorschläge an Prosagebeten sind selten. Wir werden sehen, warum.

> Draußen ist es hell.
> Die Sonne scheint.
> Ich bin nicht mehr müde.
> Heute nacht habe ich fest geschlafen.

Ich habe nicht geträumt.
Ich habe keine Angst gehabt.
Lieber Gott. Da bin ich wieder!
Gleich stehe ich auf.
Mutter bekommt einen Kuß.
Dann freut sie sich.
Du freust dich auch.
Das ist fein.
Guten Morgen, lieber Gott!
*(Müller-Felsenburg)*

Dieses Gebet ist ungemein kindgemäß. Es spricht alles aus, was das Kind beim Aufwachen bewegt. Es ist natürlich und ungeziert in der Sprache. Es könnte kürzer sein, mancher Gedanke könnte noch wegfallen. Aber im ganzen ist es einheitlich, beschränkt sich auf eine einzige Situation, verzichtet auf ausdrücklichen Dank und ausdrückliche Bitte, setzt einfach in Bezug – das Aufstehen, die Mutter, die Freude und den lieben Gott.

So geht es. Jawohl, so können wir beten. So denken unsere Kinder, und so beten sie auch. Wir haben nur ein Bedenken: als formelhaftes Gebet läßt es sich nicht verwenden. Man kann sich nicht vorstellen, daß dieser Text an vielen Tagen aufrichtig gesprochen werden kann. Er will das wahrscheinlich auch gar nicht: er will nur Anregung geben. Wir müssen noch eine Schwierigkeit sehen: das Kind betet ja noch nicht allein. Es muß es mit der Mutter gemeinsam tun. Aber das Gebet ist nur auf das Kind zugeschnitten. Die Mutter kann nicht mehr sagen: „Lieber Gott, da bin ich wieder." Dieses Gebet, so kindlich es klingt, ist erst für Ältere zum stillen Selberbeten geeignet. Der Text läßt kaum eine Zweisamkeit zu. Das ändert nichts an dem Wert dieses Gebetstextes, wohl beschneidet es aber seine Brauchbarkeit.

Wir müssen uns über die Wichtigkeit des Gebetes für das Kind im klaren sein. Viele gläubige Erwachsene verzichten auf ein ausdrückliches Gebet, weil sie sich Gott so verbunden fühlen, daß sie spüren, wie das Gespräch zwischen ihnen und Gott nicht abreißt. Das ist gewiß eine mögliche Form glaubenden Verhaltens. Aber für unsere Kinder ist sie nicht möglich, weil in ihnen die Gewißheit der Nähe und der Anteilnahme Gottes, seines Da-Seins für uns, noch nicht gefestigt genug ist. Insofern braucht das Kind immer wieder eines nachvollziehbar formulierten Gebetes, um durch dieses Gebet zu einer Erfahrung über sich selbst und über Gott zu kommen. Deswegen müssen diese Gebete auch so vielfältig sein, daß sie unsere ganze Erfahrung von ihm aussagen können. In einem einzigen Gebet sind all diese Bezüge – seine Hoheit und Herrlichkeit, der Dank und die Bitte des Kindes, sein Lobpreis, sein einfaches Inbezugsetzen, seine Bereitschaft zum Hören und Gehorchen – nicht zu fassen.

Gebete, die in Bezug setzen:

> „Ich habe ein Bett. In meinem
> Bett kann ich gut schlafen. Mein
> Teddy liegt auch bei mir.
> Lieber Vater im Himmel, ich bin
> froh, daß ich ein Bett habe."
> *(Betz)*

Viele Menschen würden diese Sätze nicht für ein Gebet halten. Und doch ist es eins. Es fällt nur nicht in die gewohnten Kategorien hinein, es ist weder ein Bitt- noch ein Huldigungsgebet. Dafür tut es etwas anderes, sehr Wichtiges: es spricht die Beziehung vom kleinen Alltag zu Gott aus. Dieser Alltag, dieser selbstverständliche Alltag, ist wert, daß man ihn bedenkt. Für unser Kind scheint es selbstverständlich zu sein, daß es ein Bett hat. Und doch freut es sich an seiner Gemütlichkeit und Bequemlichkeit. Diese Freude darüber drückt es aus. Und diese Freude vertraut es Gott an. Es setzt Gott in Beziehung zu seiner Freude. Gott hat etwas damit zu tun. Es geht ihn an. Das Kind dankt nicht einmal dafür, daß es ein Bett besitzt. Ja, so verhält sich ein Kind. So reagiert ein Kind ursprünglich. Das Dankesagen ist etwas Angelerntes, das gewiß seinen Wert hat. Aber wenn wir nicht mehr begreifen, wie die ursprüngliche Freude des Kindes Dank genug ist, sind wir arm dran. Wir bringen uns um die beglückendsten Erfahrungen mit dem Kind. Es sagt nämlich nicht, wenn die Großmutter ihm eine Überraschung bereitet hat, spontan: „Vielen Dank auch, liebe Oma." Sondern es jauchzt: „Schau mal her, wie schön! Schau her, Mutti, was mir die Oma mitgebracht hat."

Genauso verhält sich unser Gebet: spontan, herzlich, unbefangen, noch nicht Rücksicht nehmend auf irgendwelche Konventionen, und seien es auch die sinnvollen Konventionen unseres Umgangs mit Gott. Die Kinder lieben diese unmittelbaren Bezugsetzungen zu Gott. Sie sind so herrlich unfromm – in dem überholten Verständnis dieses Wortes.

Das ganze Kinderleben läßt sich so in ein Gebet einfangen, das von dem Kind nicht als unnatürlich und erzwungen erlebt wird. Mit solchen Texten verleiden wir unseren Kindern nicht das Beten.

„Wir dürfen mit dem Auto fahren.
Das Auto fährt schnell.
Gleich sind wir bei Tante Christa.
Und dann fahren wir noch weiter.
Lieber Vater im Himmel,
die Autos sind wunderbar."
*(Betz)*

Ohne daß diese Gebete es mit Worten ausdrücken, sprechen sie Lob und Dank aus. Sie sind wirklich voll des Lobes und Dankes. So echt und ursprünglich sie sind und sosehr sie allen Eltern empfohlen und so häufig sie benutzt werden sollten – als die einzige und alleinige Form des Betens genügen sie nicht. Es gibt noch viele Bezüge des Menschen zu Gott, die darin nicht ausgesprochen werden. Es ist kein Zweifel, daß das Bittgebet ursprünglicher ist als das Lob- und Dankgebet. Es gibt zwar für eine Zeitlang vielleicht das Gefühl, keinen Grund zur Bitte zu haben. Menschliches Können und menschliches Planen vermag sehr viel an Sorge abzuwenden. Und doch gibt es Erfahrungen, die die ganze Hilflosigkeit menschlichen Trachtens uns wieder nahebringen – ein scheinbar sinnloser Tod, ein schwerer Unfall, eine unheilbare Erkrankung, Einsamkeit, Verlassenwerden, Geschiedensein. Für das Kind aber, das noch maßlose Ansprüche hat und viel mehr von der Mutter erwartet, als sie ihm zu geben vermag, ist es gemäß, auch zu bitten.

Auch scheint uns, daß wir nicht darauf verzichten sollten, die Andersartigkeit und Fremdartigkeit und Unvertrautheit Gottes dem Kind nahezubringen. Es selbst hat aus seinen frühesten Erfahrungen seine Vorstellung und sein Bild von einem solchen Wesen längst ins Überirdische überhöht. Die Vorstellung von Gottes Erhabenheit ist ihm nicht fremd. So richtig es ist, Gott nicht außerhalb des Alltags zu sehen und gerade dem Kind die Möglichkeit offenzuhalten, ihm hier und jetzt zu begegnen, so würden wir doch sein Bild unrechtmäßig einschränken, wollten wir ihm die Fremdheit und Ferne Gottes vorenthalten. Gewiß hat Gott uns allen verheißen: „Ich bin da." Aber er ist der, der nicht verfügbar ist, selbst in seinem Da-Sein nicht. Es genügt also nicht, Gottes Anteilnahme am Alltag herauszustellen, wir müssen auch seine Größe und Unverfügbarkeit erfahrbar machen.

„Vater im Himmel,
du bist der Große.
Du bist der Allerhöchste.
Wir verneigen uns vor dir.
Wir schauen zu dir auf:
komm mit deinem Reich
und wohne in unserer Welt. Amen.“
*(Betz)*

In den Gebeten, die mehr vermitteln als die Anwesenheit Gottes im Alltag, steigen die uralten, auch heute noch gültigen Bilder vom Reich Gottes, von seinem Königtum und von seiner Herrlichkeit auf. Alle Eltern, die mit der Heiligen Schrift vertraut sind, leben aus dieser Hoffnung auf das künftige Königtum Gottes. An dieser Hoffnung lassen sie ihre Kinder in Gebet und Erzählung teilnehmen. Wie bei den Erzählungen aus der Heiligen Schrift, so gilt auch hier: nur das beten und formulieren, was uns wirklich aus dem Herzen kommt und was wir ohne Vorbehalte und Einschränkungen vollziehen können. Es gibt Bilder in der Heiligen Schrift, die wunderschön und unvergänglich sind. Aber sie sind z. T. so sehr mißbraucht worden, daß sie uns nichts mehr Wesentliches vermitteln können. Andere Bilder wiederum sind uns so fremd, daß wir keinen Zugang zu ihnen finden. Die Eltern dürfen mit den Kindern nicht von dem guten Hirten sprechen, wenn sie sich darunter nichts Rechtes vorstellen können; sie dürfen das Gleichnis des Tieres, das verdurstet, nicht gebrauchen, wenn sie sich selbst nicht in diesem Bild wiederfinden. Für manche Menschen mögen viele von diesen Bildern übertrieben sein und deshalb abgelehnt werden. Dann beschränken wir uns auf die, die uns zugänglich sind und die uns selbst befriedigen.

Besondere Erlebnisse eignen sich vor allem, um solche großen Bilder ins Gebet einzuflechten, um zu zeigen, daß alles, was ist, zugleich Verheißung ist auf ein Kommendes.

„Vater im Himmel,
du bist der Große.
Du bist der Allerhöchste.
führe uns durch das himmlische Tor,
damit wir bei dir wohnen dürfen. Amen.“
*(Betz)*

„Vater im Himmel,
heute sind wir ganz lustig aufgewacht,
weil die Sonne so schön scheint.
Wir denken an dich,
denn du strahlst heller als die Sonne.
Bitte, führe uns in dein himmlisches Licht,
damit wir dort fröhlich für dich leben können. Amen."
*(Betz)*

„Vater im Himmel,
wir sind heute einen weiten Weg gegangen.
Wir bitten dich,
zeig uns den Weg zu dir.
Mach uns stark, daß wir nicht müde werden.
Laß uns in deinem Himmelreich ankommen
und bei dir ausruhen. Amen."
*(Betz)*

An diesen Gebeten fällt auf: sie haben keinen moralischen Nebenton, der überhaupt in Kindergebeten ganz und gar fehlen sollte. Sie nehmen die Verheißung des Glaubens ernst, sie beziehen das Kind ganz auf das Künftige und vergessen darüber das Heute nicht. Sie nehmen das Heute wichtig.

Viele Eltern werden derart anspruchsvoll aus der Heiligen Schrift nicht beten können. Es gibt zahllose gute Gebete, die ihr Anliegen aussprechen. Das Seltsame an guten Gebeten ist: sie verleiten zum Beten. Sie machen es möglich, immer neue Gebete zu finden, für alles, was uns am Herzen liegt.

„Danke, mein Gott, für dieses schöne Bett.
Tröste alle, die jetzt weinen.
Gib uns eine gute Nacht.
Amen."
*(Kaiser-Verlag)*

Schlichter geht es nicht. So können wir alle mit Gott sprechen, so können auch die Eltern gemeinsam mit ihrem Kind sprechen, und jedes kann sein eigenes Anliegen in diesem Gebet ausdrükken:

„Lieber Herr,
wir befehlen dir heute morgen alle Menschen an,
die wir liebhaben.

Besonders empfehlen wir deinem Schutz
unseren lieben Vater an.
Er ist unterwegs, um für uns zu arbeiten und zu sorgen.
Behüte ihn im Verkehr.
Behüte ihn in seiner Arbeit.
Gib ihm Freude an diesem Tag.
Halte ihn uns gesund
und bring ihn wieder zu uns zurück.
Laß uns alle heute und morgen
und noch viele Tage lang
in Frieden beieinander sein.
Du bist bei uns. Wir danken dir. Amen."
*(Zink)*

Ab und zu gibt es auch ein Reimgebet, das glaubhaft unser Anliegen ausdrücken kann. Zur Auflockerung des Gebets kann man die einzelnen Bitten gut in eine Art Litanei auflösen und gemeinsam darauf die Antwort geben:

| | | | |
|---|---|---|---|
| (eins) | „Wir wollen danken | (alle) | für unser Brot |
| | wir wollen helfen | | in aller Not |
| | wir wollen schaffen | | die Kraft gibst du |
| | wir wollen lieben | | Herr, hilf dazu. Amen." |

Alle diese Gebete sollen nur Anregungen sein. Vielleicht entsprechen einige uns so gut, daß wir ihre Worte übernehmen, andere werden uns anregen, selbst Gebete zu formulieren. Andere sprechen uns gar nicht an, die sollen wir ruhig vergessen.

Die Forderung heute ist, daß unser Kind lernt, mit Gott ein Gespräch zu beginnen. Das frei formulierte Gebet wird mit Recht in Schule, Kindergärten und Familien geübt. Aber wir müssen uns darüber klar sein: wir können nicht für jeden Tag ein neues Gebet erfinden, wir können nicht jeden Tag von neuem neue Worte finden für das immer gleiche, für das Danken, das Bitten, das Staunen, für Leid, Kummer, Schmerz und Freude. Wir brauchen gute Formelgebete, die unsere Gedanken aussprechen, wenn unser Herz zu müde ist, um selbst neue Worte zu finden. Formelgebete haben zudem den Vorteil, daß sie meist sprachlich so gut durchgefeilt sind, daß sie das, was so leicht unausgesprochen bleibt, ausdrücken können. Ohne Formelgebete kommen wir nicht aus. Es war jeweils veranlaßt durch ein großes Ereignis, daß dem Herrn „ein neues Lied" gesungen werden konnte, daß die alten Lieder nicht mehr ausreichten, um die neue Erfahrung Wort werden zu lassen. So steht es auch in unserem Leben: über viele Tage hinweg leitet uns ein vertrautes Gebet, das zwar eine Formel geworden ist, weil sie fest und unveränderlich bleibt, aber die deswegen nicht ohne Leben ist. Nur hie und da spüren wir das Verlangen, ein neues Gebet zu finden, weil das alte das Neue nicht mehr auszusagen vermag. Und mit unseren Kindern erleben wir so viel Neues, daß wir oft ein neues Gebet sprechen wollen.

Wie steht es mit dem Singen? In den meisten Familien wird nicht mehr gesungen. Die Schallplatte und das Radio haben ihnen diese Aufgabe abgenommen. Da sollten wir, wenn wir es nicht geübt sind, keine Verpflichtung verspüren, nun eigens fromme Lieder im falschen Ton und falschem Rhythmus zu singen und uns dabei zu schämen. Nein, was uns nicht von Herzen kommt, sollen wir nie und nirgends tun, ganz besonders nicht im Gebet. Andere Familien dagegen verstehen es aufs beste, aus jedem Text ein Lied und aus jeder Anrufung eine Litanei zu machen. Singen, das ist etwas Festliches und Frohes. Und es ist gut, wenn uns dieser Ausdruck zur Verfügung steht. Gegen das regelmäßige Morgenlied haben aber unsere größeren Kinder schon sehr bald etwas einzuwenden. Es erscheint ihnen wie ein Lied auf Befehl. Und wer sich des Morgens erst mühsam in den Tag hineingähnen muß, ist wirklich nicht in der Lage, von Herzen ein schallendes Halleluja zu singen. Dem steht es eher an, leise um Beistand zu bitten, als lautstark seine Müdigkeit zu übertönen.

Gebet, das müssen nicht immer Lieder und Worte sein, das kann auch ein Tanzen oder ein Reigen sein, das kann ein Klatschen mit den Händen und ein Trampeln mit den Beinen und ein Riesenfreudengeschrei sein. Versuchen wir es nur einmal, unsere Kinder nicht auf eine starre Haltung beim Beten festzulegen, sondern ihnen Musik- oder auch Lärminstrumente in die Hand zu geben: sie loben und preisen dann wirklich mit allen Kräften ihren Gott.

Ein anderes ist das Malen und Gestalt werden lassen. Da wird unser Kind besinnlich. Was es nicht in Worte fassen kann, wird aber lebendig in dieser Stille, mag sie auch für unsere Augen nicht sichtbar werden in dem Farbengewirr, das daraus entstanden ist. Für das Kind war es eine neue Erfahrung: Gott versteht mich auch ohne Worte. Malen ist die kindliche Weise des Meditierens, wenn wir nicht auch hier Leistung und Erfolg von ihm verlangen.

# Die großen Gebete der Christenheit

Warum ist bisher nicht vom Vaterunser die Rede gewesen? Muß nicht unser Kind, bevor es in die Schule kommt, das Vaterunser kennen und beherrschen? Schauen wir uns auch diesmal wieder den Gebetstext an und fragen uns, ob er für ein Kind vollziehbar ist. Damit aber kein Mißverständnis entsteht: das Vaterunser ist das kostbarste und unentbehrlichste Gebet für den Christen, das wir besitzen. Aber wir werden sehen, daß es einen erwachsenen Beter voraussetzt.

Vater unser im Himmel,
geheiligt werde dein Name,
dein Reich komme,
dein Wille geschehe wie im Himmel,
so auf Erden.
Unser tägliches Brot gib uns heute,
und vergib uns unsere Schuld,
wie auch wir vergeben unseren Schuldigern.
Und führe uns nicht in Versuchung,
sondern erlöse uns von dem Bösen.
Denn dein ist das Reich und die Kraft
und die Herrlichkeit in Ewigkeit. Amen.

Die Anrede an Gott ist dem Kind entsprechend. Gott ist der Vater im Himmel, der, der noch väterlicher und gütiger und stärker ist als sein persönlicher Vater. Diese Erwartung entspricht dem Kind. Daß wir heute diese Anrufung „Vater" nicht mehr in allen Gebeten benutzt wissen wollen, liegt am Schwund der Vatererfahrung in unserer Zeit. Wir wollen die Erfahrung des Kindes nicht zu sehr einengen, indem es Gott ausschließlich „Vater" nennen lernt. Aber in diesem großen Gebet hat dieser einzigartige Ruf Recht. „Geheiligt werde dein Name" ist für das Kind ein abstrakter Vorgang. Wohl weiß es um die Magie des

Namens, um seine Bedeutung. Eine kindgemäß einfache Formulierung würde lauten: „Heilig bist du. Möchten alle Menschen erkennen, daß du heilig bist."

„Dein Reich komme." Diese Bitte ist für das Kind erst dann verständlich, wenn es von der Verheißung und von der Hoffnung auf Gottes Königtum erfahren hat. Wir sind der Meinung, daß diese verschüttete Hoffnung, die für viele Menschen nur noch in dieser Vaterunserbitte besteht, eine Hoffnung ist, die wir auch dem ganz kleinen Kind schon nahebringen können. (Vgl. das Kapitel „Feste".) Das Kind, das ausgerichtet ist auf die Zukunft, wächst in diese Hoffnung vertrauensvoll hinein. Wo aber diese Erwartung von Gottes kommendem Königtum in den Eltern nicht lebendig ist, können sie diese Hoffnung ihrem Kind nicht vermitteln. Diese Bitte würde also nur Wort und Schall bleiben.

„Dein Wille geschehe wie im Himmel, so auf Erden." Diese Bitte setzt manche Reflexion über das Leben und die Welt voraus. Man möchte meinen, die Bitte, die dahintersteht, könnte einem vierjährigen Kind deutlich gemacht werden, daß nämlich endlich auf der Welt nur das geschieht, was Gott gutheißt. Wir sehen schon: das anspruchsvolle Gebet ist nicht einfachhin für unsere Kinder zu beten. Jeder Gedanke muß eigens erschlossen werden. Man müßte also das Vaterunser in seine Bitten zerlegen und jede Bitte einzeln im Gebet einüben. Das könnte so aussehen: (nach Fridolin Stier)

Gott ist unser Vater.
Gott ist groß.
Er ist im Himmel.
Er ist auf der Erde.
Er ist unser Vater.
Wir alle sind seine Kinder.
Vater unser im Himmel.

oder:

Unser Vater heißt Gott.
Das ist sein Name.
Sein Name sagt:
Gott ist höher als der Himmel.
Gott ist tiefer als das Meer.
Gott ist schöner als die Welt.
Gott ist anders als alles. Er ist heilig.
Wir wollen seinen Namen loben.

oder:

Gott, unser Vater, ist der König.
Himmel und Erde sind sein Reich.
Wenn alle tun, was Gott sagt,
dann kommt sein Reich.
Dann weint keiner mehr.
Dann wird keiner krank.
Dann muß keiner sterben.
Alles ist gut. Das ist sein Reich.

oder:

Gott, unser Vater, ist der König.
Alles, was er will, soll geschehen.
Gott, unser Vater, hat uns lieb.
Er liebt die Kleinen und die Großen,
er liebt die Schwarzen und die Weißen,
er liebt die Guten und die Bösen.
Gott will, daß sein Wille geschieht.

Wir erkennen: diese Texte sind höchst anspruchsvoll. Sie setzen nicht einfach in Bezug, sie sind nicht einfach Dank und Bitte. Sie enthalten Reflexionen über Gott und über das Wesen des Menschen. Sie enthalten Theologie. Nun sollten wir nicht sagen, daß unsere Kinder theologischen Gedanken nicht zugänglich wären. Sie sind kaum je wieder so engagierte Theologen wie im Alter von vier Jahren, wo sie über Gott und die Welt sich ihren kleinen Kopf zerbrechen. So ernst ist es ihnen mit ihren Fragen leider nicht oft.

Wir überfordern unsere Kinder also durchaus nicht, wenn wir derartige Gebete mit ihnen beten. Im Gegenteil, wir kommen einem Bedürfnis unserer Kinder nach Erklärung der Welt und des Lebens mit diesen Gebeten entgegen. Und trotzdem wäre es falsch, diese Gebete täglich verwenden zu wollen: sie sind einfach zu schwergewichtig. Niemand von uns kann einen wesentlichen Gedanken, der eine schwerwiegende Erfahrung enthält, täglich von neuem denken. Diese Gedanken würden abflachen und ins Banale absinken. So wäre es auch mit diesen Gebeten. Wir würden unser Herz zwingen, zuviel Aufschwung zu nehmen. Täglich läßt sich dieser Aufschwung und diese Versenkung nicht leisten. Sie sollten dem Sonntag oder einer bestimmten Festzeit – etwa der Vorbereitung auf Ostern oder Weihnachten – vorbehalten sein. Diese Erfahrung, die solche Gebete vermitteln, sollten tief in unseren Kindern verankert werden. Aber sie sollten an diesen Erfahrungen nicht müde werden. Sie sollten ihrer nicht überdrüssig werden. Deswegen eignet sich das Vaterunser mit seinen aufgefächerten Bitten nur zu besonderen Zeiten und nicht für den Alltag. Es bedarf einer großen Gebetsübung, um das Vaterunser täglich beten zu können. Unsere Kleinen sind dazu nicht imstande.

Die nächste Bitte: „Unser tägliches Brot gib uns heute" dagegen ist jedem Kind verständlich und kann in das Alltagsgebet eingeflochten werden. Die letzten Bitten scheinen mir eine Überforderung für das kleine Kind zu sein. Ich meine, daß sie erst in der Schule gelernt und vermittelt werden sollten, wenn das Kind eine Ahnung davon bekommt, daß es Unrecht und Sünde und wirklich Böses gibt und daß auch ihm selbst dieses Böse nicht fremd ist. Denn darüber haben wir uns ja schon verständigt: unser Kind ist nicht böse vor Gott, wenn es ungezogen ist.

Manchen Eltern mögen bestimmte Gebetstexte ans Herz gewachsen sein, die sie gern mit den Kindern sprechen möchten. So eignen sich Teile aus dem „Ehre sei Gott in der Höhe" gut, um für Kinder in Anrufungen aufgelöst zu werden und um von Kindern vollzogen werden zu können. Viele Psalmen können wir, sofern sie uns selbst wichtig sind, auf die gleiche Weise für Kinder zugänglich machen und ihnen damit eine unerschöpfliche Gebetsfülle vermitteln, in der sie sich und ihre Situation wiederfinden können.

# Heilige, Engel und Namenspatrone

Viele Eltern, vor allem katholischer Konfession, mögen sich gefragt haben, warum denn das „Gegrüßet seist du, Maria" nicht erwähnt worden sei. Vielleicht ist ihnen überhaupt aufgefallen, daß bisher noch kein Wort von Heiligenverehrung und Fürbittegebeten gefallen ist. Das hat seinen guten Grund. Das liegt nicht darin, daß wir hier eine religiöse Kindererziehung für Eltern evangelischer und katholischer Konfession schreiben wollen. Sondern der liegt in der Sache: die moderne Religionspädagogik stellt fest, daß das Kind verwirrt wird, wenn es sich in seinem Bitten und Danken nicht ausschließlich an Gott wenden soll. Die richtige Auffassung von den Heiligen ist ja, daß sie nicht selbst Bitten erhören, sondern daß Gott durch sie wirkt. Aber für ein Kind ist dieser Vorgang zu kompliziert – und das zumeist nicht nur für ein Kind. Auch wenn wir überlegen, wie oft viel inniger zu Maria gebetet wird als zu Gott, wie oft gerade in großer Not Maria angerufen wird, dann können wir uns vorstellen, daß in einem Kind eine große Begriffsverwirrung herrschen muß, das derartiges erfährt. Wie soll es lernen, sein Herz an Gott zu hängen, wenn bei jeder wichtigen Gelegenheit die Heiligen an seiner Stelle angerufen werden!

Solange also unsere Kinder klein sind, sollten wir unbedingt darauf verzichten, ihre Bindung an Gott durch das Angebot der Heiligen zu verwirren. Selbst der Schutzengel kann in gefährliche Konkurrenz zu Gott treten, wenn er bei so wichtigen Angelegenheiten angerufen wird wie etwa vor dem ersten selbständigen Weg zum Kindergarten oder vor dem ersten unbegleiteten Gang zur Schule. Gott ist der Beschützer. Der Engel handelt nur in seinem Auftrag. Wir sind nicht unchristlich, wenn wir ein paar Jahre lang auf die Verehrung der Engel und Heiligen verzichten. Im Gegenteil, es besteht die Möglichkeit, daß wir dadurch selbst eine Konzentrierung auf das Wichtige und Wesentliche erleben.

Viele Eltern mögen aber eine besonders innige Beziehung zu einem Heiligen haben, vielleicht zu einem Namenspatron. Niemand hindert sie, überhaupt von Propheten und Heiligen den Kindern zu erzählen und ihnen deren Leben und deren Aufgabe nahezubringen. Aber vor den Heiligenlegenden alter Herkunft, vor allem vor den Märtyrerlegenden möchten wir dringend warnen. Die grausame Darstellung von Folterungen schadet vor allem unseren Kindern, die selbst eine erhebliche sadomasochistische Komponente haben, sehr. Auch die übertriebene Darstellung von Heiligkeit und Entsagung überfordert in ihrem Nachahmungsanspruch die Kinder und entmutigt sie, einmal schlichtweg gut zu werden, weil sie gleich „heilig" und vollkommen meinen werden zu müssen. Die meisten Heiligenlegenden sind noch nach den alten Vollkommenheitsanschauungen geschrieben und eignen sich nicht für Kinder, auch nicht für Erwachsene. Aber gewiß können wir dem kleinen Peter von Petrus erzählen, was z.B. in der Heiligen Schrift über ihn berichtet steht, oder dem kleinen Daniel oder der kleinen Rebekka, was für eine Rolle ihre Namenspatrone in der Geschichte mit Gott gespielt haben: so einfach, so wahr wie möglich, und ganz ohne Hinweis darauf, daß das Kind auch einmal so werden müsse wie sein Namenspatron. Es ist nicht wichtig, die Heiligen verehren zu lernen. Die Achtung vor dem Wollen anderer Menschen entsteht in unserem Kind sowieso. Es soll eines Tages lernen, sie als Brüder zu erleben, die ihren Weg zu Gott gegangen sind, so wie es selbst seinen eigenen Weg zu ihm finden muß.

## Nächstenliebe und Selbstbestätigung

Viele von uns meinen, die Nächstenliebe sei die wichtigste christliche Tugend, das Ich müsse ganz klein und das Du ganz groß geschrieben werden. In Wirklichkeit ist die Forderung viel sachlicher. Sie lautet: „Liebe deinen Nächsten wie dich selbst." Der Nächste ist nicht wichtiger als ich selbst. Und doch glauben viele Eltern, in der Kinderstube jeden Egoismus mit Stumpf und Stil ausrotten zu sollen. Sie zerstören damit das ohnehin schwache Ich-Gefühl des Kindes, sie nehmen ihm sein Selbstvertrauen, daß seine Wünsche und Forderungen und Erwartungen berechtigt oder zumindest nicht böse seien. Das Kind, das auf übertriebene Nächstenliebe dressiert wurde – das keine Geschenke annehmen kann, keine Süßigkeiten für sich behalten kann, keine Vorteile erbetteln kann –, mag auf die Dauer sich selbst nicht. Es fühlt sich nur bestätigt nach einer kolossalen Leistung des Verzichts, der Selbstlosigkeit und der Hilfsbereitschaft. Daß sein kleines Persönchen einfachhin so liebenswert sei ohne eine derartige Anstrengung, hat es kaum erfahren.

Das Kind ist von Geburt an ein Egoist, das wissen alle Eltern. Und es dauert eine lange Zeit, bis es lernt, nicht nur seine eigenen Bedürfnisse zu berücksichtigen. Das Extrem in beiden Richtungen ist falsch. Für die mißverstandene christliche Erziehung ist es nur typisch, daß sie den natürlichen und berechtigten Egoismus – die Sorge für das eigene so wichtige Ich – verdammt und die Nächstenliebe zum einzig Christlichen erklärt. Heute versuchen wir, beiden ihr Recht zu verschaffen. Das Kind muß lernen, seine eigenen Wünsche zu akzeptieren, seine Meinung zu behaupten, Rivalitäten durchzustehen. Es soll nicht vor dem anderen kapitulieren. Und doch soll es auch lernen, auf den anderen zu hören und seine Sache zur eigenen zu machen.

Wie sieht solche Nächstenliebe in der Kinderstube aus? Wenn wir unsere Forderungen nicht übertreiben wollen, müssen wir von der Wesensart unseres Kindes ausgehen. Unser Kind hat kaum Besitztümer. Geschenke und Spenden sind von ihm nicht zu erwarten. Aber es kann andere Sachen, die ebenso wichtig sind. Nennen wir sie kurz: „Helfen, teilen, Freude machen" *(nach Clemens Tilmann)*. Was ist damit gemeint?

Im Helfen erklärt sich das Kind solidarisch mit dem, der Hilfe nötig hat. Kinder sind begabte und begeisterte Helfer, wenn die Eltern es nur richtig anfangen. Wenn sie die Hilfe nicht als Selbstverständlichkeit oder als Pflicht ansehen, sondern als Freundlichkeit und Bemühen des Kindes, gut zu sein, dann liegt in diesem Helfen nicht nur ein Gefallen, der dem anderen getan wird, sondern das Kind hat selbst Freude daran. Es fühlt sich dadurch bestätigt, daß seine Hilfe angenommen wird. Helfen um des Helfens willen zieht bei unserem Kind nicht. Es hilft nur, weil es die Mutter liebhat und weil es will, daß sie froh darüber ist. Bei dem Kind geschehen solche Taten nicht aus sachlichen, sondern aus persönlichen Motiven. Aus Liebe fühlt sich das Kind zum Helfen veranlaßt und fühlt sich dabei glücklich, wenn ihm genügend Zeit bleibt, auch seinen eigenen Wünschen nachzugehen. In Notzeiten jedoch, wenn vielleicht die Mutter oder ein Geschwister schwer krank ist, vermag das Kind über lange Zeit hinweg auf seine eigenen Wünsche und Interessen zu verzichten, ohne daß es wesentlich überfordert wird. Man muß es nur anerkennen, dann können seine kleinen Hände eine wirkliche Hilfe sein. Und es muß, um nicht bitter zu werden, die Gewißheit haben, daß einmal auch seine eigenen Wünsche wieder wichtig sind.

Teilen ist die Art, wie das Kind schenkt. Es soll nicht Riesengeschenke den Geschwistern zum Geburtstag machen, sondern es soll lernen, daß auch die Geschwister Freude an den Süßigkeiten, die ihm geschenkt worden sind, haben. Es soll lernen, daß es sie teilnehmen läßt an seinem Spielzeug. Es soll nicht das Spielzeug herschenken – wie man es in einer übertriebenen Nächstenliebe für richtig findet, sondern es soll lernen, gemeinsam mit den Geschwistern daran Freude zu haben und auch einmal das Risiko einzugehen, der jüngeren Schwester die heißbegehrte Puppe für einen Nachmittag zu überlassen.

Wir sollten unsere Kinder mit diesem Teilen nicht überfordern. Wenn die Wahrscheinlichkeit besteht, daß die Zweijährige den kostbaren Besitz des Größeren zerreißt, dann ist dieses Teilen eine zu große Benachteiligung unseres Älteren. Überhaupt überfordern wir unsere großen Kinder oft in unseren Vorschriften über die Geduld und die Nachsicht, die sie gegen die Kleinen üben sollen. Das laute Geschrei des Kleinen dürfte kein Grund sein, um den Großen zum Nachgeben zu veranlassen. Das Ruhebedürfnis der Mutter ist kein stichhaltiges Argument, den Großen zum Hergeben seiner Kostbarkeiten zu zwingen. Sonst fühlt sich unser Kind ungerecht behandelt und nach einer Enttäuschung, wenn vielleicht die Schwester sein Bilderbuch in winzig kleine Bestandteile aufgelöst hat, für seine Gutherzigkeit bestraft. Eine solche Erfahrung sollten wir nicht mit der Berufung auf die notwendige christliche Nächstenliebe auf sich beruhen lassen. Teilen ja – aber so, daß unser Kind nicht immer den Kürzeren zieht und Strafe und Enttäuschung und Mißbrauch anstatt Freude und Anerkanntwerden erlebt.

Kinder möchten unentwegt Freude machen – Bilder malen, Verse aufsagen, Lob und Anerkennung herausfordern, aber genauso auch nur ein vergnügtes Lächeln bei der Mutter erleben. Unsere Kinder wissen ja nicht, daß sie schon allein durch ihr Dasein und ihr Sosein unentwegt Freude bereiten. Sie wollen noch etwas Spezielles dazu tun. Man beobachte nur einmal, wie ein Geschwister dem kranken Bruder Freude bereitet. Es erkundigt sich nach seinen Wünschen, es erzählt ihm ein Märchen, es holt ihm zu trinken, es besucht ihn, wenn er allein ist, und es tröstet ihn, wenn er traurig ist. Es tut all das, was es selbst so gern erlebt in der gleichen Situation. „Liebe deinen Nächsten wie dich selbst.“ Unsere Kinder tun das wortwörtlich. So wie sie selbst getröstet, gefüttert, auf den Arm genommen, besucht und unterhalten werden, so machen sie es mit denen, die es nötig haben – mit der Puppe, mit dem Hund, mit dem Bruder, mit dem Vater und mit der Großmutter.

Das ist die Weise, wie unsere Kinder schon das Gebot der christlichen Nächstenliebe erfüllen: aus Liebe und Anteilnahme, nicht aus Pflicht. Nicht um eines Gesetzes willen, sondern weil es sie dazu treibt. Sie haben selbst erlebt, wie gut es tut, wenn einem geholfen wird, wenn ein anderes teilt, wenn einer tröstet und Freude macht. Wir sehen daraus: ein Kind, das so etwas nicht erlebt hat, kann auch keine Nächstenliebe üben. Es lernt sie nur am Beispiel. Und es lernt sie, wir sagten es schon, nur, wenn es seiner selbst sicher ist, wenn es sich leisten kann, zu verzichten, nachzugeben, zu helfen und Freude zu machen, ohne daß es sich damit in die Ecke gedrängt fühlt.

# Feste und Feiern

Feste feiern unsere Kinder für ihr Leben gern, eigentlich leben sie nur von einem Fest auf das andere. Die Erwachsenen, die in der Hetze des Alltags stehen, wissen oft nicht mehr, was ein Fest bedeutet. Sie meinen, dazu bedürfe es eines großen Aufwandes, einer großen Geldausgabe, einer großen Vorbereitung. All das ist aber nicht nötig. Es bedarf nur eines Anlasses und der guten Laune. Anlässe finden sich im Kinderleben mehr als genug. Der erste Schnee, die erste Lerche, die erste Tulpe sind es wert, daß sie gefeiert werden. Ebenso die ersten Erdbeeren, der erste Apfel am Baum, die Kirschenernte und vielleicht gar der erste Most. Der erste Zahn, die erste Schleife, die gebunden wurde, der erste Reim, der gefunden wurde, ein lustiger Einfall, eine Hilfe für die Mutter, eine Frage an den Vater. All das genügt zu einem Fest für Eltern und Kinder, wenn allen der Sinn danach steht. Kinder mögen Feste feiern. Aber sie mögen es nicht feierlich. Es muß übermütig sein, es darf laut sein, es darf vergnüglich sein. Es darf herzhaft gelacht werden, es darf getollt und getobt werden, nur stille halten und fromm sein und feierlich sein, unnatürlich sein oder sich gestelzt geben, das mögen die Kinder nicht.

Diese Regel gilt auch für die religiösen Feste. Und noch etwas müssen wir Eltern über die Feste wissen. Wir können nur dann Feste feiern, wenn wir Eltern selbst daran Spaß haben. Wir können den Kindern kein echtes Fest bereiten, wenn uns nicht selbst das Herz lacht über die Freude der Kinder, wenn es uns nicht selbst dazu treibt, mitzutun, wenn wir nicht selbst dazu Lust haben.

Wir Erwachsenen sind gewöhnt, die kirchlichen Feste in der Kirche zu begehen. Für die einen ist es die Liturgie, für die anderen ist es die Predigt, für die dritten sind es die Lieder und Gebete, die ihr Herz aufhorchen lassen und die den Tag der Erinnerung an den Tod Jesu oder an seine Auferweckung oder an die

Geistsendung zu einem Tag des Festes werden lassen, zu einem Tag, da das Heil gegenwärtig ist. Die christlichen Gottesdienste sind aber für das Kind noch zu schwer. Wir müssen also in der Familie Formen finden, um es an diesen Festen teilhaben zu lassen. Ein Gang durch den lauen Frühlingsabend mit einem Gespräch über Jesu Tod mag der Anfang eines solchen Festes sein, das nachher ruhig in Erleichterung, Freude und Übermut umschlagen darf. Ein derartiges Gespräch ist natürlich nur mit unseren größeren Kindern – also den etwa Fünf- bis Sechsjährigen möglich. Auch hier geht es nicht darum, Einzelheiten des Kreuzestodes plastisch zu machen, sondern das scheinbare Scheitern, die scheinbare Vergeblichkeit, unsere eigene Trauer und unsere Zuversicht. Oder auch ein Pfingstausflug an einen See, die Begegnung mit dem kalten Wasser, der warmen Sonne und der linden Luft und ein Gespräch über die Erfahrung jener Menschen vor 2000 Jahren, die voll der Gewißheit waren, daß Jesus lebt und daß Jesus nicht umsonst gestorben ist, kann auch bei den Kindern große Freude und eine neue Erfahrung auslösen.

Wenn wir Großen ein Fest feiern, so verbinden wir es mit einem Festmahl. Das gleiche gilt auch für unsere Kleinen. Sie schmausen von Herzen gern. Vor allem aber ein festliches Mahl in der Familie, in dem alle freundlich vereint sind, entspricht dem Bedürfnis der Kinder. So können wir, noch bevor wir sie in den Gründonnerstag-Gottesdienst mitnehmen, noch bevor sie in der Lage sind, die Osternacht in der Kirche mitzubegehen, unsere Kinder zu einem Abendmahl einladen, wie Jesus es mit seinen Freunden gefeiert hat. Das Vorbild eines solchen Abendmahles ist die jüdische Passah-Feier. Überhaupt wußte das Volk der Juden sehr viel über Feste und Feiern und wußte sehr viel davon, wie die religiöse Erfahrung in dem Brauchtum der Familie geerdet werden konnte. Die strenge Heraushebung des Sabbats aus dem Alltag der Woche ließ die Kinder mit ihren Eltern immer wieder aufhorchen auf das Gebot Gottes, auf die Verpflichtung an ihn, auf ihr Existieren in seiner Macht und in seiner Huld. Das Sabbat-Licht, das angezündet wurde nach der Heimkunft aus der Synagoge, bedeutete für unzählige Juden im Unbewußten ein Zeichen der Geborgenheit, der Sicherheit und einer Zukunft in Licht und Frieden.

Feste können wir mit unseren Kindern nicht feiern, indem wir einfach nur Heilswahrheiten verkünden. Die Verkündigung reicht für unsere Kinder nicht aus, sie brauchen eine sinnenhafte

Begegnung. Nicht umsonst schmücken wir unseren Weihnachtsbaum mit zahllosen Kerzen; die Erfahrung dieses Lichterbaumes, eines solchen Glanzes und einer solchen Freude verbindet sich für unsere Kinder zu Recht mit der Hoffnung auf eine Zukunft, von der die Heilige Schrift sagt: „Denn die Herrlichkeit Gottes erleuchtet die Stadt, und es wird keine Nacht mehr sein, und sie werden nicht bedürfen einer Leuchte oder des Lichts der Sonne, denn Gott der Herr wird sie erleuchten."

Nicht umsonst werden die Sonnwendfeuer gebrannt, Feuer ist immer Sinnbild und Geheimnis, das von den meisten Zeiten religiös verstanden wurde. Seine Lebendigkeit und seine Unheimlichkeit, seine Leuchtkraft, seine Wärme und sein Zerstörerisches sind für die Kinder unmittelbar erfahrbar. Ein Abend am Feuer mit einer Schmauserei, die den Kindern schmeckt, und einem Gespräch, das dem Vater vom Herzen kommt und den Kindern zu Herzen geht, so läßt sich auch mit Kleinkindern im Vorschulalter christlicher Festtag feiern. Einmal im Jahr oder zwei- oder dreimal kann die Familie zusammen ein Abendmahl feiern. Das Mahl soll möglichst ursprünglich sein und die Kinder nicht unnötig mit Messer und Gabel belasten. Es soll ihnen schmecken, sie sollen das Eßbare in die Hand nehmen können, sie sollen gesättigt werden vom Essen und begierig werden, mit dem Vater oder der Mutter über das zu sprechen, was sie bewegt, über den Sinn des Festes, das heute gefeiert wird. Im Volk der Juden war es Sitte, so wie es auch Jesus mit seinen Jüngern getan hat, über die Erfahrung der Errettung durch Gott aus dem Knechtshause Ägyptens nachzusinnen. Der Jüngste in der Familie, der Jüngste am Tisch, stellte Fragen, und der Vater gab darauf Antwort. Bei uns fragen alle Kinder, bei uns fragt der Vater und die Mutter, alle suchen eine Antwort. Es ist ein kindgemäßes Gespräch, es richtet sich vielleicht mit einer Frage an den Ältesten: „Warum feiern wir dieses Fest des Abendmahles?" Der Älteste wird sagen: „Weil Jesus es auch gefeiert hat." Vielleicht weiß ein anderes Kind eine andere Antwort: „Auch vor Jesus schon haben die Menschen dieses Abendmahl gefeiert." Der Vater hilft weiter nach: „Warum? Was ist geschehen?" Die Antwort wird von irgendeinem gegeben: „Das Volk der Juden war in Not, Gott hat sich seiner erbarmt." – „So ist Gott", sinnt der Vater weiter, „daß er sich der Menschen erbarmt." Vielleicht sagt eins von den Kindern, die dieses Wort im Kindergarten gehört haben: „Gott hat ein Wunder getan." Und ein anderes fragt: „Was ist das?" Und der Vater sagt: „Wunder – das ist, wenn man nicht erwarten konnte, daß es so geschieht.“

Im alten Sinne des Wortes werden unsere Kinder wahrscheinlich nicht mehr an Wunder glauben. Tut Gott wirklich so, wie man das früher gemeint hat, daß er die Naturgesetze durchbricht und gegen ihre Gesetzmäßigkeit Wunder wirkt? Das ist heute eine theologische Frage, aber in Wirklichkeit geht es der Heiligen Schrift gar nicht um eine naturwissenschaftliche Erklärung, es geht ihr nur um das Staunen des Menschen, der die Erfahrung gemacht hat, daß Gott nahe ist, daß Gott sich kümmert, daß sich ein Ausweg zeigt, wo niemand gehofft hat, und daß zugleich eine Hilfe verweigert wurde, die alle herzlich erbeten haben.

Vielleicht fragt eines von den Kindern: „Tut Gott auch heute noch Wunder? Vielleicht sagen die Eltern darauf: „Wir wissen es nicht. Aber wir haben nicht mehr geglaubt, daß du völlig gesund werden würdest. Der Arzt hat es nicht gedacht, und die Krankenschwester hat es nicht gedacht, und nur wir haben noch gehofft. Du bist am Leben geblieben. Woher du diese Kraft hattest, mit dieser Krankheit fertig zu werden, das wissen wir auch nicht. Aber wir glauben, daß es irgend etwas mit Gott zu tun hat. Vielleicht ist das ein Wunder? Auf jeden Fall ist es etwas zum Verwundern und zum Staunen und auch zum Danken.“

Es ist nicht wichtig, ob unsere Gedanken zu Ende geführt werden. Es ist nur wichtig, daß wir nicht versuchen, den Kindern etwas vorzumachen, sondern daß wir so sprechen, wie wir es empfinden. Dann können unsere Kinder sich in die gleiche ehrliche Sprache einfügen. Sie fangen selbst an, eine Antwort zu suchen auf ihre Fragen; sie fangen selbst an nachzusinnen. Das Fest mit den Eltern, das Abendmahl, ist ihnen zu einer Erfahrung geworden. Zu einer Erfahrung von Seltenheit und Kostbarkeit. Deswegen ist ein solches Fest mit Kindern nicht jede Woche zu feiern. An diesem Fest sollte auch ein Becher mit Wein gereicht werden, von dem auch die Allerkleinsten schon nippen dürfen. Wein ist etwas Kostbares, er gehört zu einem Fest hinzu.

Wenn die Kinder gesättigt sind, sollte auch das Mahl zu Ende sein. Eine längere Zeitspanne verkraftet das Kind nicht. Es verlangt nun wieder nach einem wilden Spiel, nach Übermut, Fröhlichkeit und Ausgelassenheit. Und in einem Spiel, das Eltern und Kindern gleichermaßen Freude macht, mag dieses Fest seinen Ausklang finden.

# Das Kind in der Kirche

Ein Zweijähriges stört in der Kirche, das wissen alle Eltern. Nur aus Not nehmen sie den Störenfried mit, weil sie ihn daheim nicht allein lassen wollen. Ihre Aufmerksamkeit ist aber nicht beim Gottesdienst, sondern bei dem kleinen Schreihals, der es darauf anlegt, sich unentwegt bemerkbar zu machen. In vielen Pfarreien gibt es sonntags Babysitterdienste und Sonntagskindergärten, in denen man getrost die Kinder für eine Zeit zur Verwahrung abgeben kann.

Wenn aber die Kinder größer werden und schon in der Lage sind, sich ein paar Minuten still mit einer Sache zu beschäftigen, also etwa im Alter von vier Jahren, fühlen sich manche Eltern gedrängt, die Kinder in den Gottesdienst mitzunehmen. In diesem Alter kommt das Kind noch gern mit; es interessiert sich für die fremden Menschen, für das, was die Eltern tun, die sich so ganz anders als sonst verhalten. Sie interessieren sich für das laute Beten und noch mehr für das Singen. Das lange Stillsein fällt aber unseren bewegungslustigen Kindern schwer. Einerseits möchten sie bei den Eltern sein, andererseits wird es ihnen langweilig, eine Stunde auf dem gleichen Fleck auszuhalten. Kurzum: die Eltern sollten nicht meinen, aus Frömmigkeit ihr Vierjähriges in den Gottesdienst mitnehmen zu sollen. Das Kind langweilt sich, und wir sollten es davor bewahren, mit der Kirche Langeweile und Tatenlosigkeit zu verbinden.

Wir dürfen auch nicht erwarten, daß das Kind etwas von der besonderen Atmosphäre dieses Ortes verspürt. Schauen wir einmal einen Gottesdienst mit Kinderaugen an, dann erkennen wir dort sehr viel Unruhe, sehr wenig Sammlung. Er strahlt so wenig echte Andacht aus, unser Sonntagsgottesdienst, daß wir nicht darauf vertrauen dürfen, das Kind werde schon das Wichtige herausspüren. Als wichtig erlebt das Kind z. B. die Kollekte mit dem Klingelbeutel und Leute, die sich auffällig benehmen. Was in einer großen Kirche vorne am Altar oder am Lesepult geschieht, ist für das Kind zu fern. Davon bekommt es höchstens etwas mit, wenn es dicht dabei ist und, wenn möglich, mitagieren kann.

Beim normalen Gottesdienst fühlt sich unser Dreikäsehoch von den Großen und Erwachsenen erdrückt. Es sieht nicht genug, hört sehr viel Unruhe und verspürt keine Ausstrahlung von Glauben. Durch ein zu frühes und zu häufiges Mitnehmen verstellen wir unserem Kind die Bindung an die Kirche eher, als daß wir sie ermöglichen. Es ist besser, auch unser Vier- und Fünfjähriges noch im Sonntagskindergarten abzugeben. Gewiß betteln unsere Kinder, mitgenommen zu werden, dorthin, wo die Eltern sind. Aber sie versäumen nichts, wenn wir diese frühen Erfahrungen ihnen auf die Dauer ersparen.

Etwas anderes ist es, wenn es sich um einen Gottesdienst in ganz kleinem Rahmen handelt, etwa um eine Feier in einem kleinen Raum, in dem nur die Familie oder ein größerer Freundeskreis versammelt ist. Hier ist eben jene Ausstrahlung geistlicher Erfahrung möglich, die unseren Kindern so sehr not tut und die ihnen so selten zugänglich gemacht wird. Aber derartige Gottesdienste werden gewiß die Ausnahme sein. Für das Kind ist die eigentliche Kirche immer noch die Familie.

Ab und zu werden einige Kindergottesdienste veranstaltet. Viele Eltern meinen, das Kind müsse unbedingt den Gottesdienst an ihrer Seite erleben. Die Familie dürfe beim Gottesdienst nicht getrennt sein. Da ist gewiß etwas Richtiges dran an dieser Überlegung. Aber ein eigener Kindergottesdienst von 10–15 Minuten, der von einem gestaltet wird, der Erfahrung im Umgang mit Kindern hat, der weiß, was ihnen gefällt, was ihnen Freude macht, was ihnen gemäß ist, hat sehr viel für sich. Unseren Kindern soll es ja in der Kirche gefallen. Es soll kein Ort des Schrekkens und der tödlichen Selbstbeherrschung, sondern ein Ort des Interesses und der Freude sein. Die intensive Begegnung mit Gott soll nicht belastet sein von unnötigen Vorschriften, von steifer Langeweile und erzwungenem Stillsitzen. Unsere Kinder sollen Freude daran haben, in die Kirche zu gehen, sie sollen nicht ihre Sonntagspflicht erfüllen, sondern aus Interesse und Anteilnahme kommen.

Was die Sonntagspflicht betrifft, so wird sie in den verschiedenen Konfessionen unterschiedlich gehandhabt. Der Sonntag ist ein Festtag für einen gläubigen Menschen, daran besteht kein

Zweifel. Ob er aber einzig und allein durch den Kirchgang begangen werden kann, ist die Frage. Auch jene Konfessionen, die heute noch streng an der Sonntagspflicht festhalten, haben schon manche Erleichterung für die Erwachsenen eingeräumt. Was aber die Kinder angeht, so ist man allgemein zu der Einsicht gekommen, daß dieses Gebot keinesfalls auf sie zutreffen kann.

Wir Eltern sollten mehr Wert darauf legen, daß unser Kind gern in die Kirche geht, als daß es jetzt schon regelmäßig die Kirche besucht. Ob es mit vier oder fünf oder auch sechs oder meinetwegen auch sieben Jahren schon regelmäßig in die Kirche gehen soll, hängt weitgehend von der jeweiligen Pfarrgemeinde ab, wie sie sich den Kindern zuwendet und was sie sich in Beziehung auf die Kinder einfallen läßt. Es ist besser, das Kind nicht in die Kirche zu schicken, als in Kauf zu nehmen, daß es ungern geht und sich langweilt. Ein Gottesdienst von einer Stunde ist auch noch für ein Achtjähriges zu lang und muß notwendig auf die Dauer von ihm abgelehnt werden.

# Die Erfahrung des Gotteshauses

Ein gelegentlicher Besuch in einer leeren Kirche – außerhalb des Gottesdienstes – gefällt unserem Kind gut. Gleichgültig, ob es sich um eine evangelische oder katholische Kirche handelt, das Kind erfährt etwas von der Andersartigkeit Gottes. Der große Raum, die feierliche Stille, das Flüstern der Mutter weckt in ihm die Erfahrung von etwas anderem, das nicht im Alltag Platz und Raum hat. Mag die Kirche bunt und freundlich und mit Gold, Engeln und Heiligen überschüttet sein, so wird in ihm die Vorstellung einer fröhlichen Gemeinschaft aller Heiligen wach, die sich Gott in Dank und Freude zuwenden. Eine schmucklose Kirche läßt das Kind aufhorchen auf das Unausgesprochene. Es wundert sich in seinem Herzen, erste Fragen beginnen, wer der ist, den man in solchen Räumen ehrt. Und eine Kirche in heimeligem Dunkel läßt es selbst ruhig werden und still sein und auf anderes aufmerken. Viele Kirchen gibt es – und es gibt viele Weisen, etwas über Gott zu erfahren. Das Kind ist all diesen Weisen zugänglich.

# Wiederholung, Einübung, Gewöhnung

Manche Eltern, denen die religiöse Erziehung ihrer Kinder am Herzen liegt, haben in ihrer eigenen Kindheit eine ungute Erfahrung gemacht: sie sind schlechtweg mit Religiösem überfüttert worden. Jeder Gedanke war von einem frommen Spruch begleitet, jede Tageszeit mit einer Andacht versehen, jeder Festtag mit endlosen Kirchgängen beladen. Sie wundern sich, daß sie trotzdem gläubig geworden sind. Aber nicht nur diese Eltern, auch die anderen haben Angst davor, ihre Kinder mit religiösen Anmutungen und Handlungen vollzustopfen und Widerwillen statt Begeisterung in ihnen hervorzurufen. Die Gefahr ist heute sicher nicht mehr so groß wie früher, aber sie besteht durchaus noch bei jenen Eltern, die ängstlich sich an Gebote und Regeln klammern, anstatt auf das Bedürfnis des Kindes zu hören. Denn andererseits: es ist eine alte religiöse Erfahrung, daß die Begegnung mit dem Heiligen der Einübung und Wiederholung bedarf. Das Heilige ist so anders als das, was der Alltag mit sich bringt, daß es jedesmal einer Umkehr und Besinnung bedarf, um sich ihm zuwenden zu können. Daher sind auch die vielen Psalmen zu erklären, die oftmals vor der zentralen Bitte einer Andacht stehen: Einübung in das Stillewerden, in das Horchen, in das Offenwerden. Auch unsere Kinder können nicht unmittelbar aus dem Toben mit dem heimkehrenden Vater heraus zu einem gesammelten Abendgebet geführt werden. Nur sollte man sie nicht erst durch endlose Gebete zur Stille bringen. Denn gerade diese ohne Sammlung gesprochenen Gebetsverse wären auf die Dauer für das Kind unglaubwürdig. Man muß sie auf andere Weise sammeln, durch ein Spiel, ein Märchen, eine Plauderei über den Tag. Eigentlich ist das Gebet zu kostbar, um als einfaches Sammlungsmittel mißbraucht zu werden.

Wir müssen uns darüber klar sein: sosehr wir Gegner einer religiösen Überfütterung sind, so sehr wissen wir auch, daß ein lebendiger Glaube ständig wiederholter Übung bedarf. Es genügt nicht, nur alle paar Wochen, nach einem besonderen Ereignis, mit dem Kind zu beten. Es genügt nicht, nur alle paar Monate mit den Größeren andächtig – andenkend – zu sein. Das schafft nicht genug Erfahrungen. Wir wissen heute, daß ein Kind nicht, wie man früher meinte, durch eine einmalige Erfahrung geprägt wird (etwa durch ein schweres Unglück), sondern durch immer wiederholte kleine und scheinbar so geringfügige Akte. Da unser Kind Gott aber nur durch uns Eltern (und natürlich durch die vermittelnde Umwelt) begegnen kann, müssen wir diese Begegnung möglichst oft wahrmachen, das heißt: täglich.

Vielleicht bekommen einige Eltern jetzt Angst, daß doch wieder eine religiöse Überforderung des Kindes entstehen und sich damit ein Überdruß gegen Religiöses in ihm entwickeln könnte. Wenn wir uns aber klarmachen, wieviel Zeit das Gebet einnimmt, dann sehen wir, daß unsere Angst nicht berechtigt ist. Das Gebet des Kleinkindes beschränkt sich auf einen einzigen Satz, nimmt also nur wenige Sekunden in Anspruch. Das Gebet des Dreijährigen besteht vielleicht aus drei Sätzen, nimmt etwa eine halbe Minute in Anspruch. Das Gebet des Fünfjährigen mag eine Minute dauern, gelegentlich, bei einem besonderen Anlaß, vielleicht auch zwei oder drei Minuten. Dieses Gebet kann bei Gelegenheit, etwa wenn das Kind müde oder erschöpft ist, durch einen einfachen Segensspruch ersetzt werden und nimmt dann nur noch wenige Sekunden Zeit in Anspruch. Es ist auch kein Übel, wenn es hie und da vergessen wird in dem Vertrauen, daß Gott nicht erst gebeten werden muß, um diesem Kind nahe zu sein. Und doch ist die wiederholte Erfahrung unentbehrlich.

Besteht nicht die Gefahr, daß das Gebet damit zur Gewohnheit wird? Gewiß, es entsteht eine Gewöhnung, eigentlich ein Ein-gewöhnen in die geistliche Erfahrung. Diese Gewöhnung macht, daß man sie nicht mehr entbehren mag. Wenn sich die Eingewöhnung auf die Begegnung mit Gott bezieht, wird sie nicht zu einer schalen Gewohnheit. Was wollen wir Eltern denn mehr erreichen, als daß unser Kind sich bei Gott wohl fühlt und Verlangen nach ihm hat – als daß es ihn entbehrt, wenn die Gewöhnung unterbrochen wird? Klingt nicht in dem Wort „Gewöhnung" und „Eingewöhnen" das „Wohnen bei dem Herrn" an? Ist es nicht so, daß unser Kind durch die Eingewöhnung heimisch wird bei dem Herrn? Daß es dort Heimstatt und Wohnung findet? Wüßten wir etwas Besseres?

Sosehr wir gegen ein Gesetzeschristentum sind – so müssen wir doch sehen, daß es eine Regelmäßigkeit im geistlichen Leben gibt, die wir nicht geringschätzen dürfen. Später stellt sich die gleiche Frage nach dem Besuch des Gottesdienstes. Ist der Gottesdienst so, daß er das Kind leer ausgehen läßt, dann wäre sein Besuch eine bloße Gewohnheit. Ist er aber so, daß er dem Kind eine wesentliche Erfahrung vermittelt, dann genügt es nicht, daß es ihn nur zu den großen Festtagen aufsucht, sondern dann muß es ihn regelmäßig erfahren, sicher nicht unbedingt jeden Sonntag aber doch so häufig, daß ihm eine Eingewöhnung möglich ist und daß es immer wieder Verlangen danach hat, in diesem Gottesdienst Gott zu begegnen.

Daraus entsteht keine Überfütterung, davor brauchen wir keine Angst zu haben. Neben den eigentlichen geistlichen Übungen stehen dann noch die ebenso wichtigen Gespräche, die die Eltern oder die Kindergärtnerin mit dem Kind führen, über die Welt, über die Schöpfung, über das Leid, über die Freude, über das Wachsen und Gedeihen und das Welken und Sterben. Und daneben stehen die biblischen Erzählungen, zwei, drei im Alter von zwei Jahren, immer den Bitten des Kindes entsprechend wiederholt, daß sich ihm die Ereignisse einprägen, im Alter von vier Jahren verfügt das Kind vielleicht über fünf Erzählungen aus dem Alten und Neuen Testament, am besten an Hand von Bilderbüchern berichtet, an denen das Kind seine Freude hat. Wir wollen ja das Kind nicht mit frommen Geschichten überfüttern oder ihm eine geschlossene Bibelkenntnis vermitteln, sondern wir wollen ihm an wenigen Beispielen zeigen: so ist Gott, so haben ihn die Menschen früherer Zeiten erfahren. Und so ist sein Sohn Jesus. Das Kind soll aufhorchen und Interesse nehmen und soll in diesen Geschichten Gott, dem es im Gebet begegnet, liebgewinnen.

Wir wissen, daß das Kind ständiger Wiederholung bedarf. In der Erziehung geht nichts von einem zum anderen Tag. Alle Ermahnungen und alles Lob muß häufig ausgesprochen werden, sollen sie zum Erfolg führen. Das Kind besteht auf seinen Zeiten – Zeiten zum Spielen, zum Vorlesen, zum Plaudern und zum Stillesein. Es fühlt sich auch in der Geregeltheit des Religiösen wohl und verlangt sie genauso, wie es nach Ordnung überhaupt verlangt.

# Der Glaube der Eltern

Ist es nun so, daß die ganze religiöse Erziehung auf das Kind hin ausgerichtet ist? Geschehen alle einzelnen Akte nur, weil die Eltern ihr Kind zum Glauben führen wollen? Geschehen sie nur um des Kindes willen? Sind sie rein pädagogische Maßnahmen, die von den Eltern aus erzieherischen Überlegungen heraus gesetzt werden?

Nein, im Gegenteil. Wenn wir nur aus der Überlegung heraus handelten, das Kind zum Guten zu lenken, dann wären wir selbst ja unbeteiligt an der Sache. In Wirklichkeit aber können wir Eltern nicht anders. Unser Herz treibt uns. Wenn wir selbst erfahren haben, wie Gott uns nahe ist und wie er uns fern ist, wenn uns selbst sein Geheimnis bewegt, dann können wir unseren Mund nicht verschließen. Wir müssen von ihm sprechen. Es ist uns ein Bedürfnis.

Und gerade so verläuft echte Erziehung: sie soll nicht nur den Kindern, sondern genausogut den Eltern zur Befriedigung gereichen. Erziehung ist nichts Einseitiges. Es ist für die Eltern Mitteilung von etwas, über das sie nicht schweigen können, weil ihnen das Herz davon voll ist.

Wir alle wissen: eigentlich steht es um unseren Glauben nicht gut. Wie viele Zweifel haben die meisten von uns, wie müde fühlen sie sich, wie überdrüssig, vielleicht fühlen sich viele auch ungläubig. Sollten diese Eltern darauf verzichten, ihre Kinder religiös zu erziehen? Wenn sie glauben, die Unwahrheit zu sprechen, dann dürfen sie auf keinen Fall den Versuch machen. Der würde ihnen und dem Kind nur schaden. Wenn sie meinen, fromm sein zu müssen, wo ihnen das Herz nicht danach steht, müssen sie schweigen. Aber wenn trotz ihrer eigenen Zweifel und Ungewißheiten das Verlangen in ihnen ist, mit ihren Kindern über Gott zu sprechen, wenn etwas in ihnen ist, das glauben möchte, wenn sie ihr Verlangen nach Gott spüren, ihren

Wunsch, es möchte doch so sein, wie es in der Heiligen Schrift verheißen ist, dann dürfen sie getrost mit ihren Kindern von diesem Gott sprechen, den ihr Herz sucht und den es zu finden hofft.

Eltern, die – mit aller Einschränkung eines modernen und zweifelnden Menschen – sich trotzdem Gott zugehörig fühlen, können nicht anders, als mit ihren Kindern zu beten. Die Eltern mögen selbst oft auf das Gebet verzichten. Ihre Einübung mag so weit gegangen sein, daß ihnen ein wortloses Gespräch mit diesem Gott genügt. Ihre Kinder aber wollen sie feierlich und in einer festgefügten Form Gott anvertrauen. Das Gebet des Kindes geschieht nicht nur um des Kindes willen, sondern die Eltern beten mit ihm, weil es sie selbst dazu treibt. Sie wissen gut, wie wenig ihre Liebe und Fürsorge genügt, um ihr Kind vor Schaden zu bewahren. Sie wissen, wie sehr sie auf den Schutz eines Mächtigeren angewiesen sind. Deswegen ist es nicht nur für die Entwicklung des Kindes, sondern auch für die Eltern wichtig, was für Gebetstexte gesprochen werden. Sie müssen ihr Anliegen, ihre Liebe und Sorge darin wiederfinden. Sie müssen von Herzen sprechen können, was ihrem Kind den Weg zu Gott auftut.

# Die religiöse Erziehung in der Mischehe

Wie aber ist religiöse Erziehung in der Mischehe möglich? Wie können Eltern, die verschiedenen Konfessionen angehören, ihr Kind mit Gott vertraut machen? Die wichtigste Voraussetzung dazu ist, daß die Eltern Einsicht über ihren eigenen Glauben, aber auch über den Glauben ihres Partners gewinnen. Sie sollen sich aber nicht nur informieren über die Glaubenswahrheiten ihrer Konfession und über die Ansichten, die die andere Konfession vertritt, sie sollen nicht nur einfachhin das überkommene Brauchtum üben, sondern sie sollen sich vor allem darüber klarwerden, wie ihre eigene unbewußte Einstellung zu der eigenen Religion wie zu der des Ehepartners ist.

In jedem Menschen steckt unendlich viel Selbstgerechtigkeit, Selbstgefälligkeit und eine Art primitiven Hochmutes, der meint, von sich aus immer und je schon im Recht zu sein. Allzu leicht wird diese Selbstgerechtigkeit, wie sie den Kindern vielleicht im Kindergartenalter zu eigen ist, auch noch in der Ehe gelebt und besonders in einer Situation, in der sich der eine Partner von dem anderen unterscheidet. Der geheime Hochmut, der glaubt, selbst im Recht zu sein, selbst im Besitz der Wahrheit zu sein, selbst im Besitz der unverfälschten Einsicht, ist ein tödliches Gift nicht nur für die Ehe selbst, sondern ganz gewiß auch für die religiöse Erziehung der Kinder. Allein das ernsthafte Bemühen, nicht nur den Glauben des anderen gelten zu lassen, sondern ihn auch zu verstehen versuchen, vermag zu verhindern, daß das Zusammenleben nicht zu einer ununterbrochenen Reihe von heimlichen Kränkungen wird. Die Eheleute, die in einer Mischehe leben, sind vielmehr darauf verwiesen, hellhörig auf ihre eigenen Reaktionen zu werden, um in die natürliche Auseinandersetzung zwischen Mann und Frau nicht noch die religiöse Auseinandersetzung mit hineinzutragen. Wenn der Partner ununterbrochen gereizt wird durch ein religiöses Brauchtum des anderen, das er nicht akzeptieren kann, sollte man sich ernsthaft fragen, ob man auf diesem Brauchtum beharren soll. Zumeist – wenn wir dem Ursprung, dem Sinn dieses Brauchtums nachgehen, erkennen wir, daß es herzlich unwesentlich ist und daß es keinen Verlust darstellt, auf es zu verzichten. Wir meinen z. B. die Sitte des Weihwassernehmens, des Kniens beim Beten, des An-die-Brust-Schlagens, des allzu häufigen Kreuzzeichen-Machens, die oftmals mehr aus einer magischen Gesinnung stammen als aus einer echten religiösen Haltung.

Eigentlich ist diese innere Einstellung der Ehegatten zueinander und zu der Verschiedenheit ihrer Konfessionen die größte Schwierigkeit, die in der Mischehe zu bewältigen ist. Diese Schwierigkeit ist nur durch eigene Reife, durch eigene Liebesfähigkeit und durch Vertiefung des wirklichen Glaubens zu bewältigen. Die Kindererziehung dagegen ergibt sich eigentlich von selbst. Wenn wir bedenken, wie das Gottesbild sich in unseren Kindern entwickelt und wie unsere Kinder Erfahrungen mit Gott machen, indem sie mit ihm im Gebet sprechen, von ihm im Gespräch hören, indem sie Freude, Kummer, Leid und Schmerz, Hoffnung und Erwartung auf ihn hin hegen, so gibt es darin keinen Unterschied in der katholischen wie in der evangelischen Erziehung. Wir haben auch schon gesagt, daß es für das Kind, das auf Gott hin sich ausrichten will, hinderlich ist, wenn es zu oft einem Heiligenbild begegnet, wenn es zu oft angehalten wird, zu Maria oder zu einem anderen Heiligen zu beten. Die religiöse Erziehung des Kindes soll ganz und ausschließlich auf Gott und auf seinen Sohn Jesus ausgerichtet sein. Dies ist eine Forderung, die sich nicht nur aus der Situation der Mischehe ergibt, sondern die für jede religiöse Erziehung bestimmend ist.

So sollte auch zwischen den Eltern immer das Gemeinsame gesucht werden. Das Gemeinsame soll mit den Kindern zusammen getan werden. Zwar gehören die Kinder in den meisten Fällen der Konfession eines Elternteiles an, und sie werden einmal in dieser Konfession unterrichtet werden. Das heißt aber nicht, daß sie nicht den Reichtum der anderen Konfession erleben dürften, das heißt nicht, daß sie nicht in der Fülle der beiderseitigen Anschauung heranwachsen dürften.

Es ist keine Herabsetzung der evangelischen Konfession, wenn wir sagen, daß der Katholizismus vor allem für das Kind sehr viel Faszinierendes bietet. Die Pracht des Gotteshauses, die

Dramatik des Gottesdienstes, das Brauchtum, das vom Abend bis zum Morgen und vom Morgen bis zum Abend das Kind geleitet, die festen Vorschriften, der Bilderreichtum, der Symbolreichtum, all das sind Dinge, die dem Denken des Kindes nah und verwandt sind. Insofern hat der katholische Partner es leicht, die Freude der Kinder an dem, was zu seiner Konfession gehört, zu wecken. Aber um der Gemeinsamkeit willen darf er das Brauchtum nicht überwuchern lassen. Das heißt aber nicht, daß er so weit gehen müßte, um darauf zu verzichten, seine Kinder am Abend mit dem Kreuzzeichen zu segnen. So wie jeder Vater und jede Mutter ihre eigene Weise haben, gut und freundlich zu dem Kind zu sein, mit dem Kind zu sprechen, mit ihm zu lachen, mit ihm zu scherzen, es zu tadeln oder es zu strafen, so dürfen auch die Eltern eine verschiedene Weise haben, wie sie mit dem Kind religiös umgehen. Sie muß nur echt sein und darf dem Ehepartner nicht weh tun.

Die Eltern brauchen also kein Geheimnis daraus zu machen, daß sie verschiedenen Konfessionen angehören. Diese Tatsache muß eine Selbstverständlichkeit sein, die man vor den Kindern nicht versteckt halten muß. Und wenn die Eltern in den wesentlichen Dingen eins sind, leiden auch die Kinder nicht unter einer möglichen Spaltung, sondern sie gewinnen etwas aus der Fülle, die auf sie zukommt, sie gewinnen etwas aus der Verschiedenheit der Gotteserfahrung, wie sie den jeweiligen Konfessionen zu eigen ist. Wir meinen auch, daß es erlaubt sein sollte, daß die Kinder zusammen mit den Eltern einen evangelischen wie einen katholischen Gottesdienst besuchen und sich an beiden Formen freuen können. In beiden Gottesdiensten geschieht Andacht, Frömmigkeit und Nähe Gottes. Es geschieht Vertrautheit mit Jesus und Hingabe an ihn, es geschieht Gebet, und es ist Glaube möglich.

Wir hoffen von Herzen, daß auch in absehbarer Zeit eine Interkommunion möglich ist. Darunter versteht man die Gemeinsamkeit des heiligen Mahles zwischen evangelischen und katholischen Christen. Es ist nämlich eine große Belastung für die Mischehe, daß der eine Partner vom Mahl des anderen ausgeschlossen ist, vor allem dann, wenn die Kinder an diesem Mahl teilnehmen und der Partner, dessen Religion von den Kindern nicht übernommen worden ist, abseits stehen muß. Gerade das Mahl der Liebe ist hier ein Zeichen schmerzlichster Trennung. Das darf auf die Dauer nicht so bleiben.

Vater und Mutter sollen das, was ihnen in ihrem Glauben wichtig ist, den Kindern vermitteln. Wahrscheinlich ist es der evangelische Partner, sofern er nicht in seiner Kindheit überlastet worden ist mit Texten der Heiligen Schrift, der den unmittelbaren Zugang zum Alten und zum Neuen Testament hat und aus der Fülle dieses Buches heraus immer wieder neu den Kindern von Gott erzählen kann. Gerade für ein Kind in der Mischehe ist die Hoffnung, die die ganze Heilige Schrift erfüllt, auf eine Zeit, da alles Leid ein Ende haben werde, überaus tröstlich. Mögen wir Eltern uns noch so sehr Mühe geben, die Spaltung in unserer Ehe die Kinder nicht merken zu lassen, immer wieder gibt es doch Vorfälle, die uns ins Herz treffen und die uns die Spaltung der Christenheit schmerzlich zum Bewußtsein bringen. Daß diese Spaltung einmal überwunden werde, ist nicht nur die Hoffnung der Eltern, sondern auch der Kinder, die sie spüren, die an der Trauer der Eltern teilnehmen, weil die Konfessionen noch glauben, sich von der anderen getrennt halten zu müssen und beide Eltern die Geborgenheit einer gemeinsamen Kirche entbehren müssen. Das, was die heimliche Hoffnung jedes Menschen ist, daß einmal wirklich Friede und Freude herrscht, wird ganz besonders in der Mischehe gelebt.

Wichtig ist, daß dem einen Partner es gelingt, die Liebe zur Heiligen Schrift in dem anderen Partner zu wecken. Wichtig ist, daß es dem einen gelingt, das Verständnis des anderen für die Formeln seines Glaubens möglich zu machen. Dann herrscht auch unter den Kindern Toleranz, dann herrscht auch unter den Kindern Einsicht in die Fülle der verschiedenen Möglichkeiten, wie wir Gott begegnen können. Daß diese Einsicht nicht im Verstand bleibt, ist selbstverständlich. Diese Fülle muß immer wieder ausgesprochen werden, sie muß ihre eigenen Formen finden. Die Familie muß eine rechte Gemeinde für sich werden mit eigenen Formen, eigenen Texten, eigenen Liedern und eigenen Psalmen. Die Eltern sollten ein Buch anlegen, in dem jeweils das eingeheftet wird, was dem einen lieb und unentbehrlich ist, Psalmen, die dem einen nahe sind, Psalmen, die der andere liebt, Texte aus der Heiligen Schrift, die für den einen besonders wesentlich sind, Texte aus der Heiligen Schrift, die dem anderen besonders viel bedeuten. Dazu sollen Lieder kommen, die sie gemeinsam singen können. Weil der eine sie liebt, lernt sie auch der andere. Gebete, die gemeinsam gesprochen werden, müssen gefunden werden. Es lohnt sich, ein solches Buch anzulegen, es lohnt sich, neue Formen zu finden, und es lohnt sich, diese Formen festzuhalten. Die Kinder brauchen diese Gleichmäßigkeit, die Kinder brauchen die Gemeinsamkeit, und auch die Ehe kann ohne sie nur schlecht bestehen.

Aus der Not ihrer Spaltung heraus sind die Eltern gezwungen, neue Formen zu finden. Und das Überraschende ist, diese Spaltung erweist sich als segensreich. Mischehe muß nicht eine mindere Ehe sein, wie man oftmals der Meinung war. Mischehe bietet eine ganz besondere Möglichkeit der religiösen Vertiefung und des religiösen Offenwerdens. Denn die Eheleute können sich nicht miteinander verständigen, wenn sie nicht gewillt sind, sich ernsthaft den Fragen ihres eigenen Glaubens und des Glaubens des anderen zu stellen.

# Literaturhinweise

Seit einiger Zeit gibt es eine große Menge religiöser Kinderbücher. Viele Eltern, die die modernen religiösen Kinderbücher sehen, werden voller Neid sagen, hätten wir doch in unserer Kindheit und Jugend solche Bücher besessen. Wirklich, die Bücher, die uns heute vorliegen, sind in jeder Beziehung besser als die früheren. Wenn früher Kitsch und Sentimentalität und unechte Frömmigkeit überwog, so haben wir es heute mit glaubwürdigen Texten und überzeugenden Bildern zu tun.

Und doch ist fast zu jedem Buch ein Einwand anzumelden. Das eine Buch ist rein vom theologischen Gesichtspunkt her geschrieben und beachtet nicht die Situation des Kindes. Das andere Buch geht umgekehrt vor, es beachtet zu wenig theologische Grundgesetze und erzählt nur kindgemäß. In manchen Büchern ist der Text unbeholfen, die Illustrationen sind zum Teil zu sakral und anspruchsvoll. Es ist eben ein schwieriges Werk, religiöse Kinderbücher zu machen.

Und doch dürfen wir unbesorgt zu einer Menge von diesen Büchern greifen; jene Bücher, die empfehlenswert sind, werden hier übersichtlich zusammengestellt. Die Bücher, die uns ganz besonders gelungen erscheinen, werden mit einem Stern versehen, so daß die Eltern sich möglichst leicht orientieren können.

## *Bibeln für Kinder*

*Richard Beron OSB:* „Kinder- und Hausbibel". – Ein froher Gang durchs Kirchenjahr mit zahlreichen, zum Teil farbigen Bildern, mit Psalmen und Gebeten. Illustration: Annelise und Edzard Seeger. Verlag Herder, Freiburg i. Br.

*Hans Hoffmann:* „Bilder für Kinder". – Aus dem Leben Jesu. Illustration: Johannes Grüger. Patmos-Verlag, Düsseldorf.

*Walter und Vera Wiese:* „Bilder zur Bibel für Kinder". Illustration: Johannes Grüger. Verlag Ernst Kaufmann, Lahr.

*Basilius Senger OSB:* „Das Buch von Jesus Christus". – Eine Bilderbibel für die Familie. Illustration: Noelle van Alphen. Patmos-Verlag, Düsseldorf.

* *A.-M. Cocagnac und Hans Hoffmann:* „Patmos-Bibel". – Altes Testament. Illustration: Jacques le Scanff. Patmos-Verlag, Düsseldorf.

* *A.-M. Cocagnac und Hans Hoffmann:* „Patmos-Bibel". – Neues Testament. Illustration: Jacques le Scanff. Patmos-Verlag, Düsseldorf.

*W. Hillmann OFM und Josef Quadflieg:* „Bilderbibel". Illustration: Johannes Grüger. Patmos-Verlag, Düsseldorf.

* *Dietrich Steinwede:* „Zu erzählen deine Herrlichkeit". – Biblische Geschichten für Schule, Haus und Kindergottesdienst. Verlag Vandenhoeck & Ruprecht, Göttingen; Verlag Pfeiffer, München.

* *Gert Otto und Günter Otto:* „Die Bibel der Kinder". – Eine Bibelauswahl mit Illustrationen von Kindern. Furche-Verlag, Hamburg; Verlag Butzon & Bercker, Kevelaer.

*Friedrich Hoffmann:* „Bilderbibel". Illustrationen: Frère Eric de Saussure von der Communauté de Taizé. Verlag Ernst Kaufmann, Lahr.

*Eleonore Beck und Gabriele Miller:* „Gottes Sohn auf Erden". Biblisches Bilderbuch der Kinder. Illustration: Marianne Bellenhaus. Verlag Butzon & Bercker, Kevelaer; Verlag Katholisches Bibelwerk, Stuttgart; Württembergische Bibelanstalt, Stuttgart.

*Hans Hoffmann:* „Lasset die Kinder zu mir kommen". Illustration: Jacques le Scanff. Patmos-Verlag, Düsseldorf.

*Josef Weiger:* „Ravensburger Bilderbibel". – Das Neue Testament. Illustration: Alice und Martin Provensen. Otto Maier Verlag, Ravensburg.

## *Biblische Nacherzählungen für Kinder*

*Emma Wittmann:* „Kommt und seht". – Biblische Geschichten für Kinder. Illustration: Reinhard Herrmann. Gütersloher Verlagshaus Gerd Mohn, Gütersloh.

*Anne de Vries:* „Großes Erzählbuch der Biblischen Geschichte". – Altes Testament. Illustration: Herm. F. Schäfer. Verlag Friedrich Bahn, Konstanz.

*Anne de Vries:* „Großes Erzählbuch der Biblischen Geschichte". – Neues Testament. Illustration: Herm. F. Schäfer. Verlag Friedrich Bahn, Konstanz.

*Anne de Vries:* „Biblisches Erzählbuch zum Neuen Testament". Illustration: Herm. F. Schäfer. Kath. Bibelwerk, Stuttgart.

*Anne de Vries:* „Die Bibel unserer Kinder". – Ein Erzählbuch für Eltern und Erzieher. Illustration: Herm. F. Schäfer. Kath. Bibelwerk, Stuttgart.

*Anne de Vries:* „Die Kinderbibel". – Illustration: Herm. F. Schäfer. Christl. Verlagsanstalt Friedrich Bahn Verlag, Konstanz.

*Paul-André Lesort:* „Tabaku in Jerusalem". Illustration: Jacques le Scanff. Patmos-Verlag, Düsseldorf.

## *Bibel-Bilderbücher*

* *Reihe: Gütersloher Verlagshaus Gerd Mohn:*

*Reinhard Herrmann:* „Die Weisen aus dem Morgenland". Illustration: Reinhard Herrmann.

*Otto Wiemer:* „Kommet her zu mir alle". Illustration: Reinhard Herrmann.

*Otto Wiemer:* „Der verlorene Sohn". Illustration: Reinhard Herrmann.

*Paul König:* „König David". Illustration: Paul König.

*Reinhard Herrmann:* „Die Arche Noah". Illustration: Reinhard Herrmann.

*Reinhard Herrmann:* „Die Weihnachtsgeschichte" aus dem Evangelium des Lukas. Illustration: Reinhard Herrmann.

*R. Otto Wiemer:* „Joseph in Ägypten". Illustration: Reinhard Herrmann.

*R. Otto Wiemer:* „Joseph und seine Brüder". Illustration: Reinhard Herrmann.

*R. Otto Wiemer:* „Jona und der große Fisch". Illustration: Reinhard Herrmann.

*Heinz Kühne:* „Die Schöpfung". Illustration: Reinhard Herrmann.

*Reinhard Herrmann:* „Der Auszug aus Ägypten". Illustration: Reinhard Herrmann.

* *Württembergische Bibelanstalt:* „Biblische Bilderbücher". Illustration: Kees de Kort

1. Jesus ist geboren
2. Jesus und der Sturm
3. Bartimäus
4. Die Hochzeit zu Kana
5. Jesus ist auferstanden
6. Zachäus
7. Der barmherzige Samariter
8. Jesus und der Gelähmte
9. Abraham
10. Josef
11. Gott erschafft die Welt

*Hamish Swanston, übersetzt und bearbeitet von Doreen Ramsay:* „Herders Kinderbibel". Illustration von Emile D. Probst

1. Als Gott die Welt erschuf
2. Abraham der Gottesfreund
3. Moses und die Zehn Gebote
4. David der König
5. Als Gott durch die Propheten sprach
6. Als der Heiland auf die Welt kam
7. Die Botschaft vom Reich Gottes
8. Wie Jesus Wunder wirkte
9. Das Opfer unseres Heilands
10. Wie die Kirche begann

* *Hans Hoffmann, A. M. Cocagnac, Anita Vorwerk, J. M. Georgeot:* „Patmos-Bibel-Bilder-Buch". Illustratoren: Jean Jacouton, Jacques le Scanff, Alain le Foll, A. M. Cocagnac

1. Bileams Eselin
2. Zachäus, der Zöllner
3. Der junge David
4. Das Osterlamm
5. Jonas
6. Jesus am See Genesareth
7. Die Geschichte vom blinden Mann
8. Die Geschichte vom lahmen Mann
9. Noe
10. Saulus wird Paulus
11. Elias und das himmlische Feuer
12. Die Taufe Jesu im Jordan
13. Abraham
14. Jakob
15. Weihnachten
16. Wie der stolze Naaman geheilt wurde
17. Joseph und seine Brüder
18. Samson
19. Jesus gibt uns das Brot
20. Die Geschichte von den Emmausjüngern
21. Jesus weckt seinen Freund Lazarus auf
22. Moses
23. Jesus spricht vom Gottesreich
24. Petrus, der Fischer
25. Das Buch vom Heiligen Geist

* *Walter und Vera Wiese u. A. M. Cocagnac:* „Bibel-Bilder-Buch". Verlag Ernst Kaufmann, Lahr. Illustration: Jacques le Scanff.

1. Zachäus, der Zöllner

2. Die Geschichte vom blinden Mann, der wieder sehend wurde
3. Saulus wird Paulus
4. Abraham

*Autor ungenannt:* „Wie Jesus auf die Welt kam". Illustration: Johannes Grüger. Patmos-Verlag, Düsseldorf, mit Schallplatte.

*Text und Illustrationen von Benediktinerinnen aus Cockfosters, England:* „Wie Jesus die Welt erlöst hat". Patmos-Verlag, Düsseldorf.

* *Stepán Zavrel:* „Sie folgen dem Stern". Patmos-Verlag, Düsseldorf.

*Aurel von Jüchen:* „Die Heilige Nacht". Illustration: Celestino Piatti. Verlag Ernst Kaufmann, Lahr.

*Karl-Heinz und Hermine König:* „Kinder erzählen die Weihnacht". Verlag Ernst Kaufmann, Lahr.

* *Fritz Steuben, Johannes Grüger:* „Und Gott schuf Himmel und Erde". Illustration: Johannes Grüger. Verlag Herder, Freiburg i. Br.

## *Biblische Wandfriese für Kinder*

Verlag Ernst Kaufmann, Lahr; Christophorus-Verlag, Freiburg i. Br.

* *Walter und Vera Wiese:* (evangelische Einleitung) Verlag Ernst Kaufmann, Lahr.

* *Felizitas Betz:* (katholische Einleitung) Christophorus-Verlag, Freiburg i. Br.

*Reinhard Herrmann:* „Jesus segnet die Kinder".
*Helga Aichinger:* „Die Schöpfung".
*Marie-Luise von Bronk:* „Christi Geburt".
*Sigrid Baumann-Senn:* „Gleichnis vom verlorenen Schaf".
*Marie-Luise von Bronk:* „Die Weisen aus dem Morgenland".
*Helga Aichinger:* „Das Gleichnis vom verlorenen Sohn".
*Reinhard Herrmann:* „Einzug in Jerusalem".
*Paul Zimmermann:* „Das Töchterlein des Jairus".
*Marlene Reidel:* „David und Goliath".
*Paul Zimmermann:* „Berufung der ersten Jünger".
*Jacques le Scanff:* „Stillung des Sturmes".
*C. J. de Kort:* „Die Heilung des Blinden".
*Paul Zimmermann:* „Abrahams Berufung".

## * *Biblische Leporello Bilderbücher*

Verlag Ernst Kaufmann, Lahr; Christophorus-Verlag, Freiburg i. Br.

„Lasset die Kinder zu mir kommen".
„Die Schöpfungsgeschichte".

„Christi Geburt".
„Die Weisen aus dem Morgenland".
„Die Flucht nach Ägypten".
„Die Hochzeit zu Kana".
„Die Heilung des Gichtbrüchigen".
„Das Töchterlein des Jairus".
„David und Goliath".
„Der Fischzug des Petrus".
„Jesus stillt den Sturm".
„Zu Bethlehem geboren".

## *Biblische Schallplatten*

*Johannes M. Hollenbach SJ:* „Schallplatten zur Bibel". Kath. Bibelwerk, Stuttgart.

*Altes Testament:*

1. Gott erschafft die Welt / Erschaffung des Menschen.
2. Adam und Eva sündigen / Kain tötet seinen Bruder.
3. Die große Flut / Der Turm von Babel.
4. Gott erwählt Abraham / Abraham wird geprüft.
5. Jakob und seine Söhne / Moses wird gerettet.
6. Moses wird berufen / Gott rettet die Israeliten.
7. Die Zehn Gebote Gottes / Gott ruft Samuel.
8. David besiegt Goliath / Der Weise König Salomo.
10. Verbannung der Israeliten / Heimkehr aus der Gefangenschaft.

*Neues Testament:*

11. Der Erlöser kommt / Zu Bethlehem geboren.
12. Die Weisen aus dem Morgenland / Der Knabe Jesus im Tempel.
13. Jesus wird im Jordan getauft / Jesus auf der Hochzeit.
14. Jesus heilt die Kranken / Jesus vermehrt das Brot.
15. Der wunderbare Fischfang / Der verlorene Sohn.
16. Die Verklärung Jesu / Die Auferweckung des Lazarus.
17. Jesus feiert das Abendmahl / Jesus wird verhaftet.
18. Jesus zum Tode verurteilt / Jesus stirbt am Kreuze.
19. Jesus steht von den Toten auf / Jesus erscheint den Jüngern.
20. Sendung des Heiligen Geistes / Das Wirken der Apostel.

## *Gebetbücher für Kinder*

*Heidi und Jörg Zink:* „Dies Kind soll unverletzet sein". Illustration: Eva Bruchmann. Kreuz-Verlag, Stuttgart.

* *Alfred Müller-Felsenburg:* „Du hast mich lieb". – Mein erstes Gebetbuch. Illustration: Godi Hofmann SWB. Verlag Benziger, Zürich.

* *A. Müller-Felsenburg und E. Haller:* „Du hast mich lieb". Mein erstes Gebetbuch. Illustration: Godi Hofmann SWB. Chr. Kaiser Verlag, München.

* *Fridolin Stier:* „Unser Vater im Himmel". Illustration: Walter Barth. Verlag Butzon & Bercker, Kevelaer.

* *Fridolin Stier:* „Das Vaterunser". Illustration: Paul König. Verlag Butzon & Bercker, Kevelaer.

* *Felicitas Betz:* „Schau her, lieber Gott". – Bildergebetbuch für Kinder. Illustration: Lea Koch-Auvo. Verlag J. Pfeiffer, München.

* *Konrad Albrecht:* „Kinder reden mit Jesus". – Gebete und Bilder zum Leben Jesu. Illustration: Jacques le Scanff. Friedrich Bahn Verlag, Konstanz; Kath. Bibelwerk, Stuttgart.

* *Marielene Leist:* „Gebetbuch für Kinder und ihre Eltern". Illustration: Joachim Schuster, Verlag Herder, Freiburg.

*Autor ungenannt:* „Mein kleines Gebetbuch". Illustration: Kindermalereien. Chr. Kaiser Verlag, München.

*Basilius Senger OSB:* „Bildergebetbuch". Illustration: Otto Andreas Schreiber. Ludgerus Verlag, Essen.

*Franz M. Rensle und Rudolf Schöpper:* „Kinder sprechen mit Gott". – Zuhause und in der Kirche. Verlag Heinrich Borgmann, Dortmund.

## *Andachten für Kinder*

*Heinz Vonhoff:* „Wir begegnen Gott". Illustration: Robert Eberwein. Friedrich Bahn Verlag, Konstanz.
Band 1: „Siehe, dein König kommt zu dir".
Band 2: „Jesus der Sieger".
Band 3: „Jesus der gute Hirte".
Band 4: „Der richtige Weg".

*Wolfgang Jürgen Stark:* „Geschichten der Bibel für die Kleinsten im Kindergottesdienst". Teil 1 und 2. Gütersloher Verlagshaus Gerd Mohn, Gütersloh.

## *Vermischtes*

*Carmen Bernos de Gasztold:* „Gebete aus der Arche". Illustration: Roland Peter Litzenburger. Matthias-Grünewald-Verlag, Mainz.

*Gerd Watkinson:* „Kinderlieder zur Bibel". – Neue Lieder für Schule, Kirche und Haus. Illustration: Erna de Vries. Verlag Ernst Kaufmann, Lahr und Christophorus-Verlag Herder, Freiburg i. Br.

*Gerd Watkinson:* „Musikantenspiele zur Bibel". – Neue geistliche Kinderlieder mit Begleitsätzen zum Singen und Spielen auf dem Orffschen Instrumentarium. Christophorus-Verlag, Freiburg i. Br. und Verlag Ernst Kaufmann, Lahr.

### *Bastelarbeiten*

*Friedrich Hoffmann:* „Noah und seine Tiere". Illustration: Reinhard Herrmann. Verlag Ernst Kaufmann, Lahr.

Viele Bastelarbeiten aus dem Christophorus-Verlag, Freiburg i. Br., z. B. „Der Tempel von Jerusalem".

### *Erklärung religiöser Grundbegriffe für Eltern und Kinder*

*Cecil Northcott:* „Biblisches Lexikon für Kinder". Illustrationen: Denis Wrighley und Herm. F. Schäfer. Friedrich Bahn Verlag, Konstanz; Kath. Bibelwerk, Stuttgart.

*A.-M. Cocagnac:* „Was sagt uns die Bibel?" – Ein Bildungsbuch für Kinder. Illustration: Jaques le Scanff. Verlag Herder, Freiburg i. Br.

### *Überlegungen zur religiösen Erziehung für die Eltern*

* *Marielene Leist:* „Neue Wege der religiösen Erziehung". – Wir müssen umdenken. REX-Verlag, München.

*Herwig Hafa, Lore Neumann:* „Wenn eure Kinder fragen". Verlag Ernst Kaufmann, Lahr.

* *Walter Wiese:* „Wo ist Gott, Mutter?" – Kinder fragen, Eltern antworten. Verlag Ernst Kaufmann, Lahr.

*Pierre Ranwez:* „Religionspädagogik des Kleinkindes". Verlag Benziger, Zürich.

*Klemens Tilmann:* „Wie spricht man heute in der Familie von Gott?" Verlag Ludwig Auer, Donauwörth.

*Klemens Tilmann:* „Staunen und Erfahren als Wege zu Gott". Verlag Benziger, Zürich.

* *Hélène Lubienska de Lenval:* „Kinder leben aus der Bibel". Verlag Otto Müller, Salzburg.

*Antoinette Becker:* „Kinder fragen nach Gott". – Religiöse Bildung bis zum 9. Lebensjahr. Matthias-Grünewald-Verlag, Mainz.

*Xavier Lefebvre, Louis Périn:* „Das Kind vor Gott". Verlag J. Pfeiffer, München.